W0032784

Gebrauchsanweisung für Berlin

Jakob Hein

Gebrauchsanweisung für Berlin

Piper München Zürich

Mehr über unsere Autoren und Bücher:
www.piper.de

ISBN 978-3-492-27576-7
Überarbeitete und erweiterte Neuausgabe
5. Auflage 2012

Gesamtherstellung: CPI – Clausen & Bosse, Leck
FSC-Papier: Munken Premium von Arctic Paper Munkedals AB, Schweden
Printed in Germany

Meinen drei Lieblingsberlinern

Inhaltsverzeichnis

Notwendige Geständnisse. Statt eines Vorworts

Eine Gebrauchsanweisung für Berlin – was für ein ungeheures Unterfangen. Von Anfang an dazu verurteilt, möchte ich schon vorsorglich mein Scheitern angesichts der Dimension der Aufgabe erklären.

Zunächst: Was habe ich überhaupt zu diesem Thema zu sagen? Schließlich bin ich kein Berliner. Sicher, ich gebe mich im Ausland als Berliner aus. Ob es nun in Tallinn, Milwaukee oder Potsdam ist, die Anfrage nach meiner Herkunft beantworte ich stets ohne Wimpernzucken mit: »Berlin.« Nach einem Wimpernzucken würde ich mich im Ausland sogar zu der Behauptung versteigen, ein Berliner zu sein. Im Stadtgebiet selbst habe ich gelernt, wesentlich zurückhaltender zu sein und absolut niemals, unter keinen Umständen, zu behaupten, ein Berliner zu sein.

Schon meine Eltern sind keine echten Berliner, es geht sogar so weit, dass mein Vater hochdeutsch spricht. Beinahe hätte ich eine echte Chance gehabt, indem meine Eltern sich in Berlin kennenlernten. Unglücklicherweise gingen sie dann nach Leipzig, um zu studieren. Angeblich sollen die Studienmöglichkeiten dort damals sehr gut gewesen sein. Spätestens hier offenbarte sich ihr grob mangelhafter Lokalpatriotismus. Ein echter Berliner würde niemals irgendetwas in Leipzig sehr gut finden. Akzeptabel vielleicht, einigermaßen passabel, aber nicht sehr gut. Meine Eltern nahmen sogar in Kauf, dass mein in Leipzig geborener Bruder im Kindergarten Sächsisch lernte. Man kann daran ablesen, wie egoistisch sie ihre Ziele über das Wohl ihrer Kinder stellten. Schließlich ging mein Vater zurück nach Berlin, mein Bruder war gerade vier Jahre alt geworden. Nun sah es doch eigentlich gut aus für das zweite Kind, das sie sich wünschten. Aber nein, meine Frau Mutter musste nach dem erfolgreichen Abschluss ihres Studiums ja auch noch promovieren.

So kam es, wie es kommen musste: Ich wurde im Oktober 1971 in Leipzig geboren. Es wäre ja nichts dagegen einzuwenden gewesen, wenn das Schicksal für mich das Leben eines Leipziger Jungen vorgesehen hätte. Doch nur ein paar Monate nach meiner Geburt zog meine Mutter mit uns zurück nach Berlin. Das war der Ausgangspunkt aller Probleme. Denn ein bisschen ist es mit Berlin wie mit den USA: Wer auf dem Staatsgebiet geboren ist, hat automatisch Mitbürger-Status. Alle anderen haben ein Problem. In meinem Kindergarten in Berlin-Treptow ließ man mich glücklicherweise noch in Ruhe, im Gegensatz zu meinem Bruder, der von den anderen Kindern Kekse und Lutscher dafür angeboten bekam, doch mal irgendetwas zu sagen, weil es so lustig klang, wenn er sprach. Wahrscheinlich schwor er deshalb damals der verbalen Kommunikation für immer ab. Er ist heute Mathematiker.

Kindergartenkinder leben nicht in irgendeiner Stadt, sondern im Moment. Aber sobald meine Mitschüler in der Grundschule verstanden hatten, was ein Geburtsort ist, begannen die peinlichen Befragungen. Besonders die Mitschüler, die sonst überhaupt nichts vorzuweisen hatten, sonnten sich jetzt in ihrem Stolz, durch Geburtsrecht echte Berliner zu sein. Und das mit großem Erfolg: Meine gute Zensur in Mathe war doch sicherlich nur der hoffnungslose Versuch einer Überkompensation meiner Schande. Was blieb mir als Sachse anderes übrig, als mich durch gute Leistungen anzubiedern, in der Hoffnung, dass vielleicht einmal meine Kinder, oder doch wenigstens deren Kinder, dazugehören würden. Dass ich unsportlich war, erschwerte das Problem noch, steht aber auf einem anderen Blatt.

Ich haderte ernsthaft mit diesem Schicksal. Noch schlimmer wurde es, als wir endlich die begehrten Personalausweise bekamen. Wurde bei den anderen über das Passfoto gelacht, war es bei mir immer der Geburtsort. Dabei wollte ich komischerweise nie woanders geboren sein. Es gab kein Krankenhaus in Berlin, in dessen Kreißsaal ich meine Geburt hineinwünschte. Schließlich war meine Geburt in Leipzig vonstatten gegangen und wenn meine Mutter jemanden in Berlin geboren hätte, dann sicher nicht mich. Ich wünschte mir nur einen lockereren Umgang meiner Kameraden mit diesem Umstand. Das änderte sich erst, als der Sex plötzlich als mächtiges Thema in unser Leben trat. Dennoch: Für eine kleine Frotzelei auf einer Party war mein Geburtsort noch immer gut genug.

Erst nachdem ich einige Zeit in den USA gelebt hatte, wo ich Menschen traf, deren Vater in Indien und deren Mutter in Wisconsin geboren waren, gewann ich etwas Souveränität im Umgang mit diesem Thema. Und wenn mich heute jemand fragt, woher ich komme, erzähle ich ihm entweder eine verkürzte Version des Obenstehenden, oder ich sage: »Berlin«.

Aber wissen Sie was? Gerade aufgrund dieser Geschichte halte ich mich für einen nicht einmal so ungeeigneten Berichterstatter. Denn es ist sowieso unmöglich, ein Buch über Berlin zu schreiben, mit dem auch nur eine kleinere Gruppe von Berlinern zufrieden ist. Deswegen ist die Lokalliteratur weitgehend nach Stadtbezirken geordnet. Es gibt Bücher über Pankower Ärzte, Weddinger Gaststätten und Köpenicker Seen. Immerhin leiste ich einen wichtigen Beitrag zur Stärkung der innerstädtischen Verbundenheit: Bei mir werden sich ohnehin alle einig sein, dass ich vollkommen unrecht habe, schließlich bin ich ja dem allgemeinen Verständnis nach Sachse.

Ein besonders grimmiger Kneipenbesucher sagte mir sogar einmal, dass man auch meiner Sprache noch meinen Geburtsort anhören würde. Das würde zwar bedeuten, dass ich in meinen ersten sechs Lebensmonaten nicht nur das Sprechen erlernt haben müsste, sondern auch noch einen Dialekt unverrückbar angenommen habe, den dreißig Jahre in einem anderen Sprachgebiet nicht mehr umformen konnten. Die Annahme, ich hätte so früh und so vollendet sprechen gelernt, würde zwar einiges in meiner Biografie erklären, aber trotzdem halte ich diese Annahme für wenig wahrscheinlich.

Schließlich ist es so: Ein echter Berliner würde sich doch niemals dazu herablassen, einem anderen etwas über Berlin zu erzählen. Immerhin hat eine Vielzahl echter Berliner geholfen, dieses Buch besser zu machen. Nach dem ersten Erscheinen bekam ich erstaunlich wenig Gewaltandrohungen und erfreulich viele sachdienliche Hinweise. Ich hatte das Toleranzedikt und den Satz, dass »jeder nach seiner Fasson selig werden solle« Friedrich dem Großen zugeschrieben, die Oranienburger Straße und Oranienstraße verwechselt (beim Sprechen passiert mir das andauernd, in Wirklichkeit verwechsele ich die Kreuzberger Straße und die Meile in Mitte nie miteinander) und dergleichen Unverzeihliches mehr. Ein bedeutender Professor schrieb mir wutentbrannt, dass ich den Aufstiegskampf von Hertha BSC in die Bundesliga übertrieben dargestellt habe. Da dieser Kampf nur neunzehn Jahre gedauert habe, sei das von mir verwendete Wort »jahrzehntelang« eine schamlose Übertreibung. Außerdem sei Hertha viel besser geworden, im Moment sei man in der Tabelle sogar vor den, wie der Gelehrte schrieb, »Scheiß-Bayern«. Als ich ein paar Wochen später die Zeit fand, dem geschätzten Professor zu antworten, war Hertha längst schon wieder in die zweite Hälfte der Tabelle abgewandert, und Bayern wurde Meister.

Aber der echte Berliner ist wie ein glücklich Verliebter, er ruht vollkommen in sich, seine Welt ist abgeschlossen, das Leben in Ordnung.

Überlegen Sie selbst: Wie viele Romane gibt es über glücklich Verliebte? Der Berliner hat kein Bedürfnis, irgendjemandem etwas über seine Stadt zu erzählen. Was soll es groß zu sagen geben? Berlin ist die beste

Stadt der Welt, wer was anderes behauptet, bekommt Schläge.*

Da muss schon so ein halbseidener Sachse kommen, der sich selbst beweisen möchte, irgendetwas mit Berlin zu tun zu haben – verzweifelte Wischversuche an einem riesengroßen Schandfleck. Zwar wird ihm das in der Stadt keiner abnehmen, aber den Versuch ist es wert.

* Frank Steffel, einem Berliner Teppichhändler, ist es 2001 tatsächlich gelungen, während eines der legendär glücklosesten Wahlkämpfe für das Amt des Regierenden Bürgermeisters von Berlin ausgerechnet München als »die schönste Stadt Deutschlands« zu bezeichnen. Er hätte seinem Gegenkandidaten kein schöneres Geschenk machen können, die Berliner konnten ihm diesen Satz niemals verzeihen. Nachdem er die Wahl mit Pauken und Trompeten verloren hatte, sprühte jemand am nächsten Morgen auf eines der großen Wahlkampfplakate mit seinem Konterfei: »Frank Steffel – bin wieder Teppich-Laden.«

Kommse rin, könnse rauskiekn!

Berlin – wie auch immer man sich dieser Stadt nähert, wenn man es mit offenen Augen tut, wird man sofort etwas sehr Wichtiges bemerken. Denn egal, ob man mit dem Flugzeug auf einem der drei Flughäfen einfliegt, mit der Bahn auf einem der elf Fern- und Regionalbahnhöfe* eintrifft oder mit dem Auto nach Überqueren der Stadtgrenze bis zu seinem Ziel noch etwa eine Stunde auf der Stadtautobahn unterwegs ist und plötzlich vor der Entscheidung steht, ob man abbiegen soll zu »Berlin Zentrum (Zoo)« oder weiter geradeaus fahren muss in Richtung »Berlin Zentrum (Alexanderplatz)«, dieses Geheimnis wird mehr als offensichtlich: *Die* Stadt Berlin gibt es nicht.

* Alexanderplatz, Charlottenburg, Friedrichstraße, Lehrter Stadtbahnhof, Lichtenberg, Ostbahnhof, Schöneweide, Spandau, Südkreuz, Wannsee, Zoologischer Garten, sowie der neue Hauptbahnhof

Das sollte einen aber nicht etwa bewegen, nun auf dem Absatz kehrtzumachen, den langen Weg nach Hause anzutreten, um dort das Reisebüro auf Schadensersatz zu verklagen. Denn natürlich gibt es so etwas wie Berlin, aber das Ganze ist nicht *eine* Stadt, sondern ganz viele Städte. Dieses Leitmotiv wurde schon bei der Stadtgründung eingeführt. Die Siedlung an der Spree wurde um 1230 von Anfang an als Doppelstadt Berlin-Cölln in den märkischen Boden gesetzt. Obwohl beide Städte von einer gemeinsamen Stadtmauer umgeben waren, hieß die Siedlung um das Nikolaiviertel nördlich der Spree Berlin, die Siedlung um den Molkenmarkt und die Fischerinsel nannte man Cölln.

Während der letztere Name wohl am ehesten auf Sentimentalität der Bewohner zu ihrer alten Heimat am Rhein zurückzuführen ist, gibt es keine schlüssige Erklärung für den Namen Berlin. Da die Stadt ins Sumpfland gesetzt wurde, vermutet man, dass die slawische Bezeichnung *barl* (Sumpf) den Wortkern bildet. Die Berliner lösten das Problem auf typisch pragmatische Weise: Sie wählten ab 1280 kurzerhand den Bären als ihr Wappentier und hatten fortan eine gute Erklärung für den Namen und einen guten Widerpart zum Cöllner Adler.

Mit dem Wachstum der Stadt wurden nach und nach auch die Siedlungen jenseits der Stadtmauer mit in das entstehende Gebilde Berlin einbezogen. Aber dennoch führte das nie dazu, dass diese neu eingemeindeten Orte ihre Eigenständigkeit völlig aufgaben. Ganz im Gegenteil: Bis heute gibt es eine Spandauer und eine Köpenicker Altstadt. Das Leben Neuköllns spielt sich rund um den Hermannplatz herum ab, der wichtigste Weißenseer Bezugspunkt ist der Antonplatz. Jeder Stadtteil hat sein eigenes Fest, seine eigenen Sehenswürdigkeiten und sogar so etwas wie eine eigene Mentalität. Daher gibt es in Berlin mehr als acht »Berliner Straßen« und immerhin noch drei »Königswege«. Dieser Umstand ist eine wichtige Einnahmequelle für die Berliner Taxifahrer. Setzt sich der erkennbar Ortsfremde ins Taxi und wünscht, in die Fontanestraße gefahren zu werden, wird der geschäftstüchtige Taxifahrer diejenige der sechs Berliner Fontanestraßen ansteuern, die am weitesten von seinem aktuellen Standort entfernt ist.

Zwischen vielen Bezirken, also mitten in der Stadt, gibt es sogar so etwas wie Stadtränder. Hier stehen plötzlich Kleingartensiedlungen und große Einkaufszentren mit Parkplätzen, sodass man meinen könnte, die Stadt schon verlassen zu haben, bis dann plötzlich der nächste Bezirk folgt.

Die einzelnen Bezirke teilen sich noch in Unterbezirke auf, die irgendwann im Rahmen von Reformen zusammengeschlossen wurden und die so klingende Namen wie »Französisch Buchholz« oder »Pichelsberg« tragen. Die Bewohner dieser Bezirke legen größten Wert auf diese Bezeichnungen, so wird kein Rudower freiwillig zugeben, dass er eigentlich im Bezirk Neukölln wohnt. Den aktuellen Rekord hält dabei der Bezirk Treptow-Köpenick, der fünfundzwanzig offiziell ausgewiesene Unterbezirke führt. Und diese zerfallen schließlich in kleine Viertel, die sich meist um einen zentralen Platz oder die wichtigste Straße herum gruppieren.

»Kiez!«, werden Sie jetzt vielleicht ausrufen. »In Berlin heißt so was doch Kiez.« Ja früher konnte man ohne schlechtes Gewissen »Kiez« zu den Wohnvierteln sagen.

Aber mittlerweile ist dieser Begriff so von Werbeleuten, Politikern und anderen Sprachzerstörern vereinnahmt worden, dass man als Berliner schon keine Lust mehr hat, den Begriff überhaupt noch zu benutzen. Was früher einfach nur »mein Viertel« hieß, ist heute auf Dutzenden Wahlplakaten, Werbesendungen und Bürgeransprachen verkommen. Wer »Kiez« sagt, meint heute häufig: »Hallo, wir kommen zwar mit einem schicken Auto und fahren damit nachher wieder zu unseren Villen nach Schmargendorf oder doch gleich nach Westdeutschland nach Hause, aber jetzt machen wir mal einen auf Volksnähe, um euch primitiven Eingeborenen irgendwelche Glasperlen zu verkaufen. Kiezkultur, Kiezbüro, Kiezberatung. Kiez! Kiez! Kiez!« Schade um den »Kiez«, war eigentlich mal ein schöner Begriff.

Natürlich müssen alle Berliner zähneknirschend zugeben, dass die größten Sehenswürdigkeiten der Stadt und die meisten Touristen in dem Bezirk sind, der heute Mitte heißt und der das gesamte Gebiet der alten Doppelstadt Berlin-Cölln und noch etwas mehr umschließt. Hier führt »Unter den Linden« auf das Brandenburger Tor zu, hier stehen Fernsehturm, Bode-, Pergamon- und Altes Museum, zwei Opern, Deutsches Theater und Berliner Ensemble. Dennoch wird der Steglitzer trotzig ausrufen: »Aber bei uns ist es auch schön!«

Die Stadt Berlin ist mithin ein Mikromodell des Föderalismus; wer wissen will, wie das geht, dass Türken, Westafrikaner, Ostasiaten und sogar West- und Ostdeutsche gemeinsam auf einem Gebiet leben, der sollte diese Stadt studieren. Wer sich ihr nähern will, tut das am besten, indem er von außen nach innen vorgeht, vom Stadtrand zur Mitte.

Berlin ist umgeben von einer homogenen Zone von Reihenhaussiedlungen, dem sogenannten Speckgürtel, der auf brandenburgischem Hoheitsgebiet steht. In den Reihenhäusern wohnen Berliner, die der Strahlkraft der Wüstenrot-Sonne gefolgt sind. Sie arbeiten in der Regel weiterhin in der Stadt und nehmen an Diskussionen gern in der Rolle von Berlinern teil, immer in der Hoffnung, nicht als Brandenburger Pendler erkannt zu werden.

Der Übergang in das Berliner Stadtgebiet vollzieht sich schleichend. Denn die peripheren Bezirke der Stadt sehen sich als eigenständige Verwaltungseinheiten. Ob es die Köpenicker, die Spandauer oder die Reinickendorfer sind, sie haben ihre eigene Zeitung, sie haben ihre eigenen Läden, und wenn sie einmal im Jahr mit dem Bus nach Mitte fahren, rüsten sie sich wie für eine Reise und sagen: »Ich fahre heute mal in die Stadt.«

Weiter ins Zentrum hineingegangen, trifft man auf eine Anzahl von Bezirken, die sich samt und sonders als das *eigentliche* Zentrum Berlins sehen. Im gutbürgerlichen Westen sind das Steglitz, Tiergarten und Charlottenburg. Hier hat man die Wende und den Fall der Mauer mit Bedauern zur Kenntnis genommen und hofft immer noch darauf, dass es sich um eine vorübergehende Mode handelt, ähnlich wie Schlaghosen. Das mentale Zentrum trägt seinen Namen »Kaufhaus des Westens« seit 1989 mit besonders trotzigem Stolz.

Neukölln und Wedding sind zwei Bezirke, in denen sich eine deutsche Minderheit von beachtlicher Größe in einem ansonsten sehr orientalisch geprägten Umfeld wohlfühlt. Beides waren Arbeiterbezirke, deren ursprüngliche Funktion verlorengegangen ist. Die ehemaligen Arbeiter sind jetzt vor allem Arbeitslose, und die wichtigsten Unternehmer der Gegend verkaufen Döner, Mobiltelefone oder den Traum vom schnellen Glück. Man bekommt hier jederzeit Pide, Hummus und Sesamöl, könnte aber Schwierigkeiten bekommen, wenn man eine Bockwurst kaufen will. Die Grundschulen in Wedding und Neukölln können das Konzept einer Europaschule nur als kleinkariert verlachen. In einer Klasse finden sich häufig genauso viele Nationen und Muttersprachen wie Schüler, und etwas Deutsch spricht häufig nur der Lehrer.

Besucher aus anderen Stadtbezirken wie Charlottenburg oder Hohenschönhausen schauen erstaunt auf die fremdländischen Namen und Geschäfte. Deshalb bilden sich manche Jugendliche in Neukölln und im Wedding ein, in einem Ghetto zu leben und singen schaurige Lieder von ihrem Gangsterleben. In echten Ghettos würden es diese Gangster aus Neukölln wohl keine vier Minuten lang aushalten.* Aber auch die Fernsehsender glauben ihnen ihre vorpubertären Räuberpistolen und schicken regelmäßig Filmteams dorthin, um *den* sozialen Brennpunkt Deutschlands zu filmen. Meistens aber passiert absolut nichts Aufregendes, sodass die Kameraleute ihre Kameras schräg und wacklig halten müssen, damit die Aufnahmen von einkaufenden Rentnern und Spaziergängerinnen mit Kinderwagen wenigstens ein bisschen aufregend aussehen.

* Sogar der Bundesinnenminister ließ sich zu der Aussage hinreißen, dass Neukölln einem Slum wie der Bronx ähneln würde. Daraus kann man ablesen, dass er mindestens einen der beiden Orte absolut nicht kennt.

Am Ostrand wollen die Bezirke Marzahn und Hellersdorf möglichst nichts von Ghetto hören. Die Architektur wirkt auf Außenstehende beeindruckend: Ein großes Betonquadrat schließt sich an das nächste große Betonquadrat an. Diese großen Betonquadrate bestehen wieder aus kleineren Betonquadraten, die wieder aus Betonquadraten zusammengesetzt sind. Darin wohnen Leute. Alle Haustüren öffnen sich in riesige Innenhöfe, in deren Mitte sich meist ein Spielplatz befindet. Es gab das Gerücht, dass die DDR solche Siedlungen baute, weil sie dort mit Hilfe von zwei Panzern problemlos zwei Dutzend Mietshäuser militärisch kontrollieren konnte. Denn spätestens seit den Erfahrungen des 17. Juni 1953 gab es ein tiefes Misstrauen der ostdeutschen Regierung gegen ihre eigene Bevölkerung.

Wer dachte, dass nach der Wende alle aus den Wohnsilos wegziehen würden, hatte sich getäuscht. Zwar vollzieht sich ein langsamer Wandel der Einwohnerstruktur, und es wird allmählich ein Westberliner Ausländeranteil in diesen Wohngebieten erreicht, aber deswegen ziehen die meisten noch lange nicht aus. Im Gegenteil, zum zwanzigjährigen Jubiläum des Stadtbezirks Marzahn erschienen Liebesgedichte der Einwohner unter dem Titel: »Mein Kästchenkiez«. Die Infrastruktur dort wird durch die verbesserten Einkaufsmöglichkeiten eher angenehmer und die Mieten bleiben konkurrenzlos niedrig. Zudem zählen die »Gärten der Welt« und das dort gelegene Krankenhaus zum Besten, was Berlin zu bieten hat.

Der Nordosten von Berlin ist mit S- oder U-Bahn nur ein paar Minuten vom Stadtzentrum entfernt, leidet aber irgendwie an seiner, sagen wir mal, gefühlten Entfernung von der Innenstadt. Wer in Pankow oder Weißensee wohnt, ist irgendwie ganz weit draußen. Die Bewohner akzeptieren dieses Bild leider zunehmend selbst, und so wird man in diesen Bezirken kaum einmal etwas Exotischeres als eine Zucchini in den Gemüseläden finden und sicherlich kein Restaurant, in dem ein Hauptgericht mehr als zehn Euro kostet. Dabei sind es wunderschöne und grüne Bezirke, und ich wage, ihnen das nahende Schicksal der im Folgenden vorgestellten Bezirke Prenzlauer Berg und Friedrichshain vorauszusagen.

Wie die Bewohner aller anderen Bezirke sind auch die von Prenzlauer Berg und Friedrichshain der Überzeugung, im eigentlichen Zentrum von Berlin zu wohnen. Diese Arbeiterwohnsiedlungen für heute nicht mehr existierende Industriebetriebe waren das Marzahn der Gründerjahre. Nirgendwo in Europa gab es eine so hohe Zahl von Einwohnern pro Quadratkilometer. Das aus heutiger Sicht Gute an der ganzen Sache besteht darin, dass von der Gründerzeit bis zur Nachwendezeit kein Handwerker diese Häuser betrat, es sei denn, er wohnte dort. Dadurch waren die Wohnungen am Ende der DDR in einem Zustand, den höchstens Punks und Regimekritiker akzeptabel fanden, alle anderen ließen sich gern mit Vollkomfort in den Platten versorgen. Punks und Regimekritiker wurden nach der Wende zu Studenten und Politikern und der Prenzlauer Berg zu einem Edel-Sanierungsgebiet. Besonders der Kollwitzplatz wurde so lange hartnäckig als Geheimtipp in allen Illustrierten und Reiseführern gehandelt, dass auch noch der letzte Neuankömmling dort seine Wohnung suchte. Als schließlich die Mieten so hoch kletterten, dass dort nur noch Neuankömmlinge wohnen konnten, wanderte der Geheimtipp-Pokal in den benachbarten Friedrichshain, wohin dann die Studenten zogen. Hier gab es noch viele leer stehende Wohnungen mit Ofenheizung und Außentoilette, die niemand sonst haben wollte. Aber inzwischen sind die Studenten dort auch schon Akademiker, die Häuser können *noch* moderner saniert werden als im fünfzehn Jahre alten Prenzlauer Berg, und es ist nur noch eine Frage der Zeit, bis nur noch Zugezogene im Friedrichshain wohnen.

Die Bewohner von Mitte gibt es praktisch überhaupt nicht. Von hundert Menschen, die sich in Mitte aufhalten, sitzen fünfundzwanzig an einem Schreibtisch, zehn liegen in einem Hotelbett, zweiundzwanzig kaufen ein, achtzehn sitzen in einer Cocktailbar, acht stehen auf einem Bahnhof, und sieben sitzen in einem Theater oder Kino. Der Rest schweigt und hält still, denn wenn ein Vermieter entdeckt, dass in so einer Lage noch normale Mieter wohnen, wird er sofort etwas dagegen unternehmen. Der Vorteil daran ist, dass die Besucher der Stadt die Mitte Berlins ganz für sich allein haben, mit all ihren Museen, Kirchen, Opern und Geschäften. Welche andere Stadt kann das schon bieten?

Es gibt überhaupt keinen Grund, sich in Berlin als Tourist zu verstecken. Wenn Sie einer sind, freuen Sie sich einfach darüber, dass Sie hier sind, und die Berliner sollten sich mit Ihnen freuen. Die Stadt ist nämlich auf zwölf Generationen hinaus verschuldet, und wenn nicht in nächster Zeit eine Ölquelle unter dem Zoo gefunden wird oder sich unverhofft der Boden unter dem Alexanderplatz öffnet und eine Diamantmine freigibt, sind und bleiben die Touristen der wichtigste und im wesentlichen einzige Wirtschaftsfaktor auf Jahre hinaus. Kommen Sie also gern vorbei, es gibt hier unendlich viel zu entdecken. Jeder Hinterhof erzählt eine Geschichte und manchmal ziemlich laut. Der Berliner Abend geht erst nachts los, dafür aber bis in den frühen Morgen und ein letztes Bier kann man rund um die Uhr trinken. Und lassen Sie sich nicht von den grimmigen Gesichtern abschrecken, das ist nur unser Versuch, Sie anzulächeln.

Der Duft, die Stadt

Das ist die Berliner Luft Luft Luft,
so mit ihrem holden Duft Duft Duft,
wo nur selten was verpufft pufft pufft,
in dem Duft Duft Duft
dieser Luft Luft Luft.
Paul Lincke (1904)

Es gibt ein Berlin, das nach Senf riecht. »Der gute, ehrliche Senf«, werden die Berliner rufen, die diesen Geruch lieben. Dabei essen sie eine Bockwurst, die man überhaupt nur bei ihrer Imbissbude essen kann, wie sie gern versichern. Die beste Bockwurst der Stadt. Dazu ein Brötchen und Bier aus einer der Flaschen, die so aussehen wie Nuckelflaschen. Dabei werden die Meldungen aus den Zeitungen mit den großen Buchstaben diskutiert.

Aber es gibt auch ein Berlin, das nach Ketchup riecht. »Lecker Ketchup!«, heißt es in diesem Berlin. Hier stehen die ausgehungerten Touristen, die vor der Komplexität des gastronomischen Angebots kapituliert haben und nun das essen, was überall gleich schmeckt. Dahinter stehen die Teenager, die sich hier gern treffen und die bald auch hier arbeiten werden, mit einem Mikrofon am Kopf. Man redet über die neueste Platte des neuesten Sängers und über den komischen neuen Jungen auf dem Schulhof. Am Nachbartisch wird darüber diskutiert, ob man heute das jüdische Museum noch schafft, oder ob man sich lieber ins Planetarium setzt oder ob man es überhaupt nur noch ins Hotel schafft, wenn man doch abends noch ins Musical will.

Vergessen wir nicht das Berlin, das nach Knoblauch riecht. Frischer, herrlich stinkender Knoblauch aus den Soßen, über denen sich die Dönerspieße drehen. Hier stehen die Studenten, trinken kostenlosen Tee aus kleinen Gläsern und bemühen sich, den Namen des Inhabers richtig auszusprechen. Der liest entnervt im »Hürriyet« und freut sich über sein neues deutsches Auto, das er natürlich hinter dem Laden geparkt hat.

Ehrlicherweise gibt es auch das Berlin, das nach Hundekot riecht. Erstaunliche Besitzer lassen sich von ihren erstaunlichen Kreaturen an der Leine über die Gehwege ziehen und beide Kreaturen genießen es, in der vermutlich letzten großen Stadt der Welt zu leben, in der es noch nicht zum guten Ton gehört, die Abfälle zumindest des einen sachgerecht zu entsorgen. Man findet leicht Kontakt an der Leine und kommt über die Eigenarten der Vier- schnell auch zu denen der Zweibeiner und mit etwas Glück sogar zu einem gemeinsamen Konditoreibesuch.

Aber natürlich findet die Nase in Berlin auch einen alten Duft von Chanel. Es gibt ihn auf jeden Fall auf dem Kurfürstendamm oder spätestens in einem großen

Kaufhaus am Tauentzien. Hier wird man ungefragt darüber informiert, dass man »alter Westberliner« sei und Wert auf einen etwas distinguierten Geschmack lege. Insbesondere die frischen Austern in der berühmten Etage lassen sich von einem Glas hervorragenden Champagners gekonnt herunterspülen.

Doch man braucht von hier nicht lange zu fahren für das Berlin, das nach den Kräutern der Provence riecht. Gern werden für den Gast ein paar Nudeln mehr in den Topf geworfen, wenn man nicht gleich gemeinsam zum Italiener am Eck gehen möchte. Davor würde man allerdings lieber noch einmal die ungebleichten Windeln der Kinder wechseln und muss daran denken, den aus Naturkautschuk geschnitzten Nuckel einzupacken, ohne den das ganze Unternehmen ein sehr lautstarkes Vergnügen werden kann. Andererseits habe man bei der letzten Vollversammlung gehört, dass eben jener Italiener seine Pizzaöfen mit Atomstrom beheizen würde, und einigt sich schließlich, lieber doch nur ein paar Nudeln mehr ins Wasser zu werfen.

Keineswegs unwichtig ist das Berlin, das nach Koriander riecht. Hier wirft man sich noch einen Tropfen Parfüm hinters Ohr, bevor man über die abgezogenen Dielenböden der großzügigen Zimmerflucht seiner Altbauwohnung direkt ins Taxi zur Oper rauscht. Hinterher tauscht man sich in einem hervorragenden Restaurant mit überraschenden Kreuzungen aus kreolischer und aserbaidschanischer Küche darüber aus, was am meisten missfiel. Angesichts der Höhe der Rechnung wird es den Außenstehenden wundern, wie heftig sich die Versammlung darum am späten Abend zu streiten weiß.

Noch ein paar Stunden später erst erwacht das Berlin, das nach Limetten riecht, die massenhaft vorgeschnitten in verschiedene bunte Cocktails fallen. Die Eiswürfel klappern auf Druck der Schallwelle aus riesigen Lautsprecherboxen, die eine der Tausend garantiert besten Musiken der Welt spielen. Die Würfel im einen Glas schmelzen unter den sinnlichen Händen des Manns mit dem roten T-Shirt, während die anderen auf den alles versprechenden Lippen der Frau mit den braunen Augen zergehen. Die Nacht und die Musik werden zeigen, ob zusammenkommt, was zusammengehört.

Einen Hauseingang weiter riecht Berlin nach Anis, das in exotischen Getränken vermixt wird, die garantiert verboten sind, nur nicht heute Nacht und sicher nicht hier. Das Zigarettenpapier umschließt nur ein wenig Tabak, wer nichts Schwarzes anhat, ist sicher gerade am Gehen. Man könnte über so vieles reden, aber im Moment erscheint es noch schöner, gemeinsam über alles zu schweigen.

Das Berlin, das nach Latex, Lack und Leder riecht, ist vielleicht etwas schwerer zu finden, aber gegen ein etwas besser bemessenes Trinkgeld hilft einem der Taxifahrer seines Vertrauens da gern und schnell weiter.

Wir wissen nicht mehr, ob es noch späte Nacht oder schon früher Morgen ist, wenn die Schritte vorbeieilen am Berlin, das nach Urin riecht. Nach Kleidung, die manchmal schon seit Jahren nicht mehr gewaschen wurde. Nach billigem Alkohol, schlechter Ernährung und dem Ende von Würde. Vor allem im Winter geht es darum, die nächste Nacht zu überleben. Die Welt, in der es Heizungen, Ärzte und Ruhe gibt, ist scheinbar nahe und doch gelingt es nur, sich an ihre Betonmauern anzulehnen, um über ihren Heizungsschächten nicht zu erfrieren.

Gern lassen wir uns darum ablenken und mitreißen vom Berlin, das nach Kaffee riecht. Kaffeegeruch aus der Tasse, die mit einem Lippenstiftabdruck noch auf dem Küchentisch steht, während man schon in seinem Bus sitzt. Man hätte sich verdammt noch mal eine Stulle machen sollen mit dem Brot, das einem jetzt im Küchenschrank vergammelt. Aber es war so knapp, dass man jetzt wieder mit seinem Bäckereistück dasitzt. Und obwohl man eigentlich müde ist, kann man nicht anders, als sich mit seinem Sitznachbarn über den Film von gestern zu unterhalten. Mit dem fährt man schon seit Jahren immer im selben Bus, aber kennengelernt hat man sich damals genauso wie heute Morgen. Einfach drauflosreden.

Erst ein bisschen später riechen wir das Zimt in Berlin, das auf die riesigen Schalen aus Milch und Kaffee gestreut wird, hinter denen sich Frühstücksinszenierungen abspielen, die länger dauern können als Wagner-Opern. Aufmerksam liest man die Tageszeitungen von mindestens vier europäischen Hauptstädten und denkt darüber nach, ob heute oder morgen der Tag sein wird, an dem man die Hochschule seiner Wahl einmal mehr mit seiner Anwesenheit beehren sollte. Doch vorher muss unbedingt das Projekt, dieses ungeheuer wichtige Projekt ausführlich besprochen werden, ein Projekt, mit dem man immerhin die Welt ändern wird.

Wat wolln Sie denn hier?

Würde man einen Berliner mit der Frage überraschen, warum so viele Touristen die Stadt besuchen, wüsste er wahrscheinlich auf Anhieb keine Antwort. Unausgesprochen gehen die meisten Bewohner dieser Stadt davon aus, dass die Besucher aus den gleichen Gründen kommen wollen, weshalb den Berlinern auch die Stadt so gut gefällt: Weil man so nett mit Margitta quatschen kann, wenn man morgens mit dem Hund geht, weil man bei Fred das beste Eisbein der Welt bekommt, weil man so nett mit Edith quatschen kann, wenn man mittags mit dem Hund geht, weil endlich bald die Saison im Freibad anfängt und weil man schließlich nur hier so nett mit Birgit quatschen kann, wenn man abends mit dem Hund geht.

Dass diese Stadt vollgestopft ist mit den tollsten Sehenswürdigkeiten, und dass Touristen sich sowas angucken wollen, würde den meisten Berlinern erst nach angestrengtem Nachdenken einfallen. Die großartige

Architektur von Schinkel, die unzähligen Museen von der weltberühmten Museumsinsel bis zu kurioseren Museen wie dem Glühlampen- oder dem weltweit einzigen *Ramones*-Museum, die zahlreichen Gärten, die Alleen, die Türme, die Zoos und Aquarien, die Einkaufsmeilen, die Kirchen, Moscheen, Synagogen, und, und, und. Der Berliner reagiert auf diese Fülle souverän: in der Regel besucht er keine einzige dieser Sehenswürdigkeiten oder höchstens die eine, die in seiner unmittelbaren Nähe liegt. Ein Besucher könnte am 1. Januar die Stadt besuchen und hätte selbst bei einem straffen Programm noch nicht alles gesehen, wenn man nach einem Jahr am Brandenburger Tor Silvester feierte. Hoffentlich weiß man bis dahin, warum die berühmte Quadriga darauf nach Osten schaut und nicht, wie es sich ja eigentlich gehören würde, aus der Stadt heraus nach Westen. Der Grund ist erschreckend einfach. Friedrich Wilhelm II., der das Brandenburger Tor in seiner derzeitigen Form bauen ließ, wollte die volle Schönheit der Quadriga bewundern. Das war aber nur möglich, wenn er morgens zum Jagen in den Tiergarten ritt, wenn er am Abend nach Hause kam, konnte er nichts sehen. Damit er also nicht nur die Hinterteile der Siegesgöttin und ihrer Pferde sehen musste, wies er an, die Quadriga sozusagen falsch herum aufzustellen.

Und doch kommen Menschen für ein Wochenende hierher, in der Hoffnung, alles zu sehen. Das ist zwar nicht ganz so absurd wie »Ganz Europa in vier Tagen«, das von japanischen und amerikanischen Reisebüros angeboten wird, aber vermessen ist es dennoch.

Wie soll man dieses Abenteuer also möglichst sinnvoll anstellen? Meist werden die Besucher einer Stadt ja eingeladen, sich dem Objekt des Interesses zunächst von oben zu nähern. Nun steht der Fernsehturm mitten in Mitte, und dort gibt es eine Aussichtsplattform mit einer dazugehörigen Touristenschlange und dem dazugehörigen überhöhten Eintrittspreis sowie natürlich dem dazugehörigen Nepp, aber in Berlin probiert man, alles anders zu machen, also lassen wir die Schlange vor dem Fernsehturm stehen und nehmen den Fahrstuhl nach unten. Wie keine andere Stadt eignet sich Berlin nämlich dazu, es von unten kennenzulernen.

Aus den Tagen, in denen beide deutsche Regierungen noch Geld in die Kassen der Stadt pumpten, stammt ein ausgedehntes U-Bahn-Netz. Und jede der immerhin neun U-Bahn-Linien hat einen ganz eigenen Charakter. Also ist es schon ein Heidenspaß, sich eine Tageskarte zu kaufen, die billiger ist als der Eintritt auf den Fernsehturm, und kreuz und quer unter Berlin herumzufahren und am besten mit verbundenen Augen herauszufinden, in welcher U-Bahn-Linie man sich gerade befindet.

Die U1 hätte eigentlich während einer der mindestens zwei Dutzend Nahverkehrsreformen seit 1989 längst die führende »1« abgeben und U2 heißen müssen. Aber wegen des international erfolgreichen Musicals über diese Strecke von Kreuzberg nach Zoo, das eben »Linie 1« hieß, hat sich diese Umbenennung keiner getraut. Die U1 riecht nach Kreuzkümmel, dessen Aroma aus den unzähligen türkischen Läden entlang der Strecke in die Waggons weht. Selbst ihr Rattern klingt nach den achtziger Jahren im Westteil der Stadt. Künstlerisch nahezu perfekt endet die U1 seit der Wende in ihrem einzigen Ostberliner Bahnhof: »Warschauer

Straße«. Zwar gibt es am Schluss den Ausblick, die Perspektive, die Möglichkeit zu neuen Territorien aufzubrechen, aber das Gefühl bleibt, das Wesentliche der Strecke schon hinter sich gebracht zu haben. Das Ende der glücklichsten Westberliner Jahre mit Zonenförderung und ohne Bundeswehr ist hier von einem Genie der U-Bahn-Planung vollendet inszeniert worden.

Die U2 hingegen müsste, wie gesagt, eigentlich U1 heißen, weil sie das Flaggschiff der Stadt ist. Die U2 riecht nach dem Ketchup auf den Hamburgern, Würsten und Pommes frites der Touristen und fährt unter nahezu allen weltbekannten Sehenswürdigkeiten der Stadt hindurch: Olympiastadion, Messe, Deutsche Oper, Bahnhof Zoo, Potsdamer Platz, Friedrichstraße, Komische Oper, Staatsoper, Alexanderplatz. Sie ist dadurch dominiert von verwirrt auf die verwirrenden Netzpläne schauenden Besucher sowie Berlinern, die mit verschränkten Armen in der Ecke sitzen oder sich hinter einer Zeitung verstecken, in der Angst, als Ortskundige erkannt zu werden, denn wenn man erstmal einem Touristen eine Frage beantwortet hat, kommen sie alle angelaufen.

So könnte man über jede Linie fast einen ganzen Roman schreiben, die lange U3 (Kräuter der Provence), die die Studenten der Freien Universität vom Nollendorfplatz nach »Dahlem Dorf«, »Onkel Toms Hütte« und schließlich »Krumme Lanke« bringt, die kurze U4 (Köllnisch Wasser) mit insgesamt fünf Stationen durch Schöneberg für die Westberliner Rentner, die klassische Ostberliner U5 (Blutwurst) vom Alexanderplatz über die Stalinallee, den Tierpark und Hellersdorf nach Hönow, die proletarische U6 (Knoblauch) von »Alt-Tegel« über

»Borsigwerke« und »Wedding« nach »Alt-Mariendorf«, die verwickelte Westberliner U7 (Thymian mit Noten von Cayenne), die von Spandau durch das gute Westberlin schließlich über Kreuzberg im Neuköllner Ortsteil Rudow endet, die äußerst handfeste U8 (Cannabis) von Neukölln über Wedding und die Karl-Bonhoeffer-Nervenklinik nach Wittenau, in der man zwischen Zoo und Gesundbrunnen zwischen Nachmittag und frühem Morgen praktisch alle illegalen Rauschdrogen kaufen können soll und die bürgerliche U9 (Koriander) vom Rathaus Steglitz über Bundesplatz, Kurfürstendamm und Westhafen. Man kann eigentlich alles über diese Stadt wissen, ohne die Untergrundbahn verlassen zu haben und hat sogar eine Menge Sonnenlicht gesehen. Denn verwirrenderweise verkehren große Teile der Berliner U-Bahnen auf Hochbahntrassen.

Wer sich ein wenig die Beine vertreten möchte, steigt einfach aus. Oder noch besser, steigt um. Denn es muss gewarnt werden, dass die Fußwege zwischen zwei sich kreuzenden Linien teilweise sehr lang sein können, so lang, dass im Unerfahrenen der Verdacht aufkeimen könnte, dass die neue U-Bahn-Linie in Wirklichkeit nur ein unterirdisch ausgebauter Fußweg sein könnte. Hinter vorgehaltener Hand raunt man sich zu, dass einige, die sich in »Stadtmitte« mit unzureichendem Proviant auf die Passage von der U2 in die U6 gemacht hätten, niemals angekommen seien. Aber Genaueres wird man nie erfahren.

Auch jenseits der U-Bahn-Tunnel ist der Berliner Untergrund durchlöchert wie ein Schweizer Käse. Bunkeranlagen, Tunnel und Höhlen sind unter der ganzen Stadt verstreut. Bloß vom legendären Führerbunker ist nichts mehr übrig außer der Bodenplatte. Gern zeigen einem die fachkundigen Herren vom Verein »Berliner Unterwelten« bei einer ihrer legendären Führungen mehr. Aber wer sich jetzt nach einem Kontrastprogramm sehnt, sollte sich an einer der zahlreichen Anlegestellen in ein Boot setzen und herumfahren lassen. Immerhin kann man dabei unter mehr als doppelt so vielen Brücken wie in Venedig hindurchfahren. Durch Berlin fließen drei größere und ein paar kleinere Flüsse, die noch durch verschiedene Kanäle miteinander verbunden sind und an deren Band sich eine Vielzahl von Seen glitzernd aufreihen. Wenn es warm ist, kann man einem perfekten Moment im Leben sehr nahe kommen, oben auf einem Dampfer durch Berlin zu schippern, besonders wenn einem das Getränk in der Hand gut schmeckt, die Mitreisenden gut gelaunt sind und die Lautsprecheranlage gnädigerweise defekt ist und einem nicht den penetranten Kommentar des humorigen Fremdenführers oder irgendwelche Unterhaltungsmusik zu Gehör bringt.

Nun hat man sich lange genug herumfahren lassen, und es ist an der Zeit, selbst ein wenig zu laufen. Man sollte sich vorher genau überlegen, wonach einem der Sinn steht, denn in dieser weitläufigen Stadt ergibt sich nur wenig zufällig. Alles ist in Hülle und Fülle möglich, aber man muss einen Plan haben. So könnte man zum Beispiel eine schöne Woche in Berlin verbringen, in der man ausschließlich die wichtigsten Friedhöfe der Stadt besucht. Dann hätte man viele berühmte Leute getroffen, viel frische Luft eingeatmet und wüsste eine Menge über die Stadt und ihre großen Menschen. Aber planen muss man. Die Museen liegen teilweise mehr als zwanzig Kilometer auseinander, die schönsten Parks sind über die ganze Stadt verstreut, die Einkaufsviertel unterscheiden sich in Bezug auf Geschmack einerseits und Erschwinglichkeit andererseits. Man sollte sich also über die Koordinaten seines Tages klar sein, die entsprechenden Haltestellen heraussuchen und einen Stadtplan einstecken. Auch wenn man sich in Letzterem nicht zurechtfindet, weil das Stadtgebiet unüberschaubar groß ist, so ist doch das umständliche Entfalten des Stadtplans ein touristisches Hilfesignal, auf das der eine oder andere besser orientierte Mitbesucher einem irgendwann zur Hilfe eilen wird.

Viele Touristen wollen ja unbedingt die Berliner Mauer sehen. Eine Kuriosität: Als es die Mauer noch gab, hat sie alle gestört, jetzt, wo sie weg ist, wollen alle sie sehen. Aus purer Notwehr deklarieren viele Berliner alle möglichen Steinwände in der Stadt zur Mauer, um die Besucher zufriedenzustellen. Dann stehen die Amerikaner und bestaunen die mit Tiermotiven verzierte Mauer am Bahnhof Zoo, machen ein paar Fotos und sind zufrieden. In Wirklichkeit gibt es nur noch ein ganz kleines Stück echte Mauer am Mauermuseum, denn »Die Mauer«* war nicht nur eine schmale Beton-

* Eine interessanterweise auf Walter Ulbricht zurückgehende umgangssprachliche Bezeichnung aus einer Pressekonferenz vom 15. Juni 1961, wenige Wochen vor Mauerbaubeginn: »Ich verstehe Ihre Frage so, dass es in Westdeutschland Menschen gibt, die wünschen, dass wir die Bauarbeiter der Hauptstadt der DDR dazu mobilisieren, eine Mauer aufzurichten. Mir ist nicht bekannt, dass eine solche Absicht besteht. Die Bauarbeiter unserer Hauptstadt beschäftigen sich hauptsächlich mit Wohnungsbau, und ihre Arbeitskraft wird dafür voll eingesetzt. Niemand hat die Absicht, eine Mauer zu errichten!«

wand, sonst hätten sie wohl mehr Leute zu überspringen versucht. Die »Mauer« genannte Staatgrenze der DDR war eine komplexe Installation aus mehreren Absperrringen, Wachtürmen, Scheinwerfern, Stacheldraht und einem breiten Niemandsland, das mit Selbstschussanlagen und einem zehn Meter breiten Sandstreifen versehen war, damit man besser die Spuren verfolgen konnte. Ein paar bunte Betonsegmente stehen natürlich überall in der Stadt, aber dafür muss man nicht extra nach Berlin fahren, solche Betonaufsteller gibt es auch überall in Moskau, New York und Leinfelden-Echterdingen.

Dafür kann man sich in Berlin allerorten ein Stück Mauer kaufen, meistens von in DDR-Armeeuniformen gekleideten Albanern. Viele Berliner scherzen damit, dass man aus diesen bunten Stückchen die Mauer zehnmal höher, als sie es im Original war, wieder aufbauen könnte*, und wie es sich heute viele zu wünschen meinen. Aber das ist Unsinn. Für die DDR-Grenzbefestigungsanlagen wurde massenhaft Beton verbaut, beim Abbau der Mauer fielen einhundertachtzigtausend Tonnen davon an, und es ist noch genug für alle da. Unwahrscheinlich ist allerdings, dass die bunten Graffitis auf den Kaufsteinen vor 1990 entstanden sind, aber ist das nicht auch im Grunde genommen egal?

Wie man den Tag auch verbracht hat, mit etwas Glück kommt man am Ende wieder erschöpft und zufrieden am Alexanderplatz an. Ein Blick verrät einem,

* Die Idee ist alles andere als neu: Joseph Beuys hat schon 1964 architektonisch wohl begründet vorgeschlagen, die Mauer aus ästhetischen Gründen fünf Zentimeter zu erhöhen und für diese Provokation viel Prügel bezogen.

dass die Schlange am Fernsehturm kürzer geworden ist, und dann huscht man hinein und lässt den Blick von der Aussichtsplattform über das glitzernd erleuchtete Berlin am Abend schweifen und registriert mit Stolz, welche ungeheuren Exkursionen durch das einem zu Füßen liegende Stadtgebiet man an diesem Tag geschafft hat.

Wenn man jetzt nicht mehr laufen kann, sollte man den Berliner Weg zur Erkundung der Welt gehen. Man fährt ein paar Minuten in irgendeine Himmelsrichtung vom Alexanderplatz weg, setzt sich dann in eine ausreichend gemütlich erscheinende Kneipe, bestellt ein Bier. Schnell wird man in ein Gespräch mit einem Berliner verwickelt sein, der noch niemals an all den fernen Orten war, die der Besucher heute besichtigt hat. Beeindruckt wird er den Schilderungen aus den entfernt gelegenen Stadtbezirken lauschen, um dann von den Neuigkeiten seines Viertels zu berichten. Vielleicht hat ein Laden zugemacht oder eine neue Ampelanlage ist installiert worden. Und außerdem soll Katja am Nachbartisch mit ihrem alten Freund Schluss gemacht haben, weil der ihr zu esoterisch war. Nach einiger Zeit setzt sich vielleicht ein Herr im feinen Anzug mit an den Tisch, der gerade von einer Theaterpremiere kommt, ein kleines Bier bestellt und das Stück schrecklich fand. Noch ein bisschen später kommt der Zeitungshändler und bietet ihnen die Zeitung von morgen an (»Lesen sie schon heute, was übermorgen bereits von gestern ist.«) Am Gesicht des Bundestagsabgeordneten, der drüben mit unglücklichem Gesicht sein Essen in sich hineinschaufelt, können Sie ahnen, dass neue Probleme im Anmarsch sind. Aber sie alle lassen sich gern ablenken von dem russischen Opernsänger, der spät in der Nacht italienische Klassiker zum Besten gibt und anschließend mit dem Hut herumgeht. Kurzum, man setzt sich hin und wartet darauf, dass die Welt an einem vorbeirotiert. Und das kann funktionieren, spätestens nach dem achten großen Bier.

Wer und was hier wohnt

Wozu überhaupt gibt es Städte? Keine Angst, das ist jetzt nicht der Augenblick an unserer Mission zu zweifeln, aber es ist Zeit, darüber nachzudenken, warum Menschen in Städten wohnen. Das Hauptmerkmal des Städters ist zunächst seine Landlosigkeit. Und das war schon immer ein Zeichen von Armut. Zugegebenermaßen lebten in einigen Städten auch Könige, Fürsten und Herzöge, doch fand sich für diese vor den Toren der Stadt mindestens noch ein kleines Jagdschlösschen in einem schönen Wald oder eine Sommerresidenz mit einem trefflichen Park und vielleicht sogar einem kleinen Fleck Wasser.

Die aber, die immer in der Stadt wohnen und dort wohnen bleiben müssen, das sind die, die dazu verdammt sind, das staubige Pflaster der Stadt mit ihren nur unzureichend bekleideten Füßen zu treten, die schlechte Luft einzuatmen und täglich zu hoffen, dass der Bauer aus der Umgebung auch an diesem Tag wieder genügend zum Essen auf den Markt bringen wird. Von dieser Misere lenken sie sich mit den Vergnügungen ab, die jede Stadt hervorbringt: Alkohol, Tingeltangel und Sex. Von sich zu behaupten, man habe schon immer in einer Stadt gelebt und sowohl die vorherigen Generationen als auch sämtliche nachfolgenden Generationen hätten dies schon immer getan und würden dies auch weiterhin tun, ist als würde man sich mit seinem unvorteilhaften Äußeren, seinen schiefen Zähnen oder seinem cholerischen Gemüt brüsten.

Bitte verzeihen Sie mir diese Vorrede an dieser Stelle, denn gerade in Berlin gibt es eine große Menge von Menschen, die einem bei jeder Gelegenheit und auch noch in solchen Momenten, die man beim besten Willen nicht als Gelegenheit bezeichnen kann, zu verstehen geben, dass sie »schon immer hier gewohnt hätten« oder, besser noch, »hier geboren« seien. Mit diesen eindrucksvollen Argumenten dominieren sie jede Diskussion, sei es über die Bierpreise oder die Stammzellenforschung. Hat man es in einem Gespräch dennoch geschafft, ihnen das dünne Rinnsal ihrer Beweise abzugraben, dann folgt garantiert die Frage: »Wo kommst du eigentlich her?« Nennt man jetzt den Stadtbezirk, in dem man seit mehr als zwanzig Jahren wohnt, wird gern nachgehakt: »Ja, aber wo bist du geboren?« Und wenn man dann wahrheitsgemäß einen Ort angeben muss, der auch nur einen Meter vor der Berliner Stadtgrenze liegt*, dann kann man eigentlich schon seinen Mantel

* Mein Freund Andreas hat in der Beziehung unglaubliches Glück gehabt. Er wurde in Staaken geboren, das nach dem Bau der Mauer in Brandenburg lag. Nach dem Fall der Mauer wurde es wieder ein-

von der Garderobe nehmen und nach Hause gehen. Denn für den Rest des Abends wird man kein Land mehr sehen, jeder Halbsatz wird fortan in dem Gegröle: »Der Sachse!« (oder »Der Bayer!« oder »Der Fischkopp!« oder, oder, oder) untergehen.

Wobei es einigermaßen undurchschaubar ist, wer ein »echter Berliner« ist und wer nicht. Denn die Regeln sind kompliziert und voller Ausnahmen. Natürlich gibt es das Geburtsrecht, aber auf der anderen Seite gibt es Heerscharen von in Berlin Geborenen, deren Eltern schon hier geboren sind und die sich als Türken bezeichnen. Dann gibt es die Möglichkeit, ehrenhalber zum Berliner ernannt zu werden, obwohl die Regeln dafür streng geheim sind, damit nicht jeder Dahergelaufene mitzumachen versucht. So gibt es zum Beispiel keinerlei Zweifel daran, dass der unzweifelhaft in China geborene Pandabär Bao Bao ein waschechter Berliner ist. Der in Brookline, Massachusetts geborene John Fitzgerald Kennedy hat es mit seiner abstrusen Selbstbehauptung (»Ich bin ein Berliner.«) geschafft, ein Kunststück, das niemandem sonst gelungen wäre. Und auch der in Honolulu geborene und in Indonesien aufgewachsene Halbkenianer Barack Obama hat es mit seiner Rede vor der Siegessäule geschafft. Jeder Stürmer, der für Hertha ein paar heiß ersehnte Tore schießt, wird gern in die Reihe der Berliner aufgenommen. Allerdings nur so lange, bis er zu einem anderen Verein wechselt. Auch wenn man sich oft genug auf den Titelseiten Berliner Zeitungen mit den

gemeindet, sodass jetzt in seinem Ausweis prangt: »Geburtsort: Staaken (jetzt Berlin)«!

großen Buchstaben aufhält, kann man Berliner werden.

Täglich ziehen Menschen nach Berlin, so wie in jede andere Großstadt. Das Besondere an Berlin ist vielleicht, dass immer gerade der letzte Einwanderer die Tür besonders fest hinter sich zuziehen möchte, dass derjenige, der momentan auf dem sinnbildlichen Steg steht, schon laut zur wartenden Masse hinter sich ruft: »Das Boot ist voll.« Und am liebsten den Steg sofort anzünden möchte, wenn er auch nur einen Fuß in dem sinnbildlichen Boot hat.

Es ist ein interessantes Phänomen in dieser Stadt, dass jeder Neuankömmling schon immer hier gewesen sein möchte. Nach spätestens drei Wochen unterdrücken die Neuzugänge ihren heimatlichen Dialekt, nach drei Monaten versuchen sie zu berlinern und nach sechs Monaten haben sie sich schon an den Geschmack der Berliner Biere gewöhnt. Warum nur ist das so? Wie viele Berliner sitzen nach drei Monaten in Passau in der Krachledernen beim Weißbier und versuchen, sich als echte Passauer auszugeben? Vielleicht wollen gerade deshalb viele echte Berliner sein, weil das von unerreichbarer Exklusivität ist und das Gefühl des Ausgeschlossenseins so unerträglich. Dabei ist die Geburtenrate in der Stadt so schlecht wie überall im Land, und ohne Zuwanderung wäre Berlin schon vor Jahren in seinem Dreck erstickt, würde nichts mehr laufen, fahren oder fliegen. Aber reiben Sie das mal einem echten Berliner unter die Nase. Sie können sicher sein: Nach einer kurzen Pause des Überlegens wird er Ihnen gekonnt antworten. »Wo kommst du eigentlich her?«

Man könnte diese echten Berliner noch mit so viel

mehr ärgern. Die weitaus meisten über die Grenzen der Stadt hinaus bekannten Berliner, ja Berliner Originale, hatten ihre Wiege weit außerhalb der Stadtmauern. Der Zeichner Heinrich Zille, der wie kein anderer das Berlin der Jahrhundertwende porträtierte, wurde im sächsischen Radeburg geboren. Wilhelm Voigt, besser bekannt als »Hauptmann von Köpenick«, war gebürtiger Ostpreuße aus Tilsit. Alfred Döblin, Nervenarzt und Autor des berühmten »Berlin Alexanderplatz«, kam aus dem pommerschen Stettin. Hildegard Knef (»Ich hab noch einen Koffer in Berlin«) stammte gar aus dem schwäbischen Ulm. Selbst Annette Humpe (»Ich steh auf Berlin«) kommt nicht von hier, sondern aus dem westfälischen Hagen. Sogar die (natürlich umstrittene) Erfinderin der Currywurst kam nicht aus Berlin, sondern aus dem damals ostpreußischen Königsberg. Sie wäre heute sogar Russin!

Mit der Stadtgründung Berlins um 1230 erhofften sich die askanischen Fürstenbrüder Johann I. und Otto III. übrigens, einen Beitrag zur Germanisierung dieses Landstriches zu tun. Es war mühevoll von den slawischen Stämmen erobert worden, aber trotzdem gab es überall nur slawische Siedlungen. Berlin-Cölln sollte als Frontstadt dienen, ein germanischer Siedlungskern im Wendenland. Die Namen vieler später eingemeindeter Bezirke, wie Treptow, Rudow oder Buckow erinnern noch heute an ihren slawischen Ursprung. Berlin selbst wurde aber vollständig neu gegründet, nichts wies jemals auf eine vorher am selben Ort bestehende Siedlung hin. Da Berlin somit eine der jüngsten Städte Europas ist und erst nach dem Ende der Völkerwanderungen überhaupt gegründet wurde, hat historisch gesehen immer verhältnismäßig wenig Migration nach Berlin stattgefunden. Die Stadt besitzt keinen Seehafen*, Preußen hatte keine nennenswerten Kolonien, deren Bewohner in die Hauptstadt hätten ziehen können, wie das in London, Amsterdam oder Paris der Fall war. Ein paar Polen, ein paar Sachsen, ein paar Westfalen haben sich hierher verlaufen. Nach dem Zweiten Weltkrieg kamen ein paar Umsiedler aus den Ostgebieten, und danach war die Stadt auf Grund der politischen Situation wieder hermetisch gegen einen natürlichen Migrationsprozess abgeriegelt. Es war ausgeschlossen, dass sich ein Wandersmann zufällig nach Berlin verirrte und sich dort niederließ. Im Ostteil der Stadt wurde der Zuzug zentralistisch geregelt, den Westteil umgab die Mauer. Die wesentlichen Einwanderungen beruhten auf politischen Entscheidungen.

Denkt man an Ausländer in dieser Stadt, fallen einem zuerst die Hugenotten ein, denen der große Kurfürst Friedrich Wilhelm 1685 mit seinem Edikt von Potsdam Einlass nach Preußen gewährte. Weil deshalb noch keinem Bauern oder Fürsten eingefallen wäre, den Hugenotten Land zu verkaufen, siedelten sie sich zum überwiegenden Teil in den Städten Berlin und Potsdam an. Sie durften sich im Zentrum sogar eine eigene Kirche bauen, den Französischen Dom. Dies wurde ihnen aber nur unter der Bedingung gestattet, dass sie daneben eine mindestens ebenso prächtige Kirche für die Berliner

* Obwohl Berlin von 1359–1452 sogar Hansestadt war und nur deshalb aus diesem Bund austreten musste, weil es die Hohenzollern zu ihrer Residenzstadt erklärten.

hinstellten, weshalb der Deutsche Dom nur ein paar Schritte über den Gendarmenmarkt entfernt gebaut wurde, wo beide Kirchen heute noch stehen.

Mit den Hugenotten kam so etwas wie ein französisches Element nach Berlin, das jedoch vollständig von den Ureinwohnern vereinnahmt wurde. Weder verbesserte sich die örtliche Küche, noch entwickelte sich eine Kultur des Weintrinkens. Und aus der charmant-erotisch gefärbten Aufforderung: »Visite ma tente!«, an einem lauen Sommerabend auf dem Gendarmenmarkt von dem charmanten Jacques mit den tiefschwarzen Haaren in das vor Keuschheit und Erregung errötende Gesicht der Magd Ilse geflüstert, blieb nur die Berlinsprachliche Drohung übrig, ja keine *Fisimatenten** zu machen. Fürs Subtile an sich hatte der Berliner noch nie sehr viel übrig.

Die Hugenotten können wie gesagt als vollständig assimiliert gelten. Und auch die Ostpreußen, Polen und Schlesier sind im Stadtbild nicht mehr wahrnehmbar, obwohl sie aus historischer Sicht zum großen Teil gewissermaßen erst kürzlich nach Berlin kamen. Doch nach ihnen kamen die Türken. Plötzlich waren alle Berliner Konnopkes, Smieceks, Gerauds und natürlich die Müllers, Meiers und Kunzes der festen Überzeugung, dass *sie* ja schon immer hier gewesen seien, aber die Fremden nun eine große Belastung waren. In einem Musterbeispiel für falsche Ausländerpolitik gab man den

* Auch wenn der Ursprung von Fisimatenten heftig umstritten ist: Im Frühneuhochdeutschen gab es den Begriff *Fisiment* für Tand, Zierrat; nutzlose Pflichtbesuche, die *visites de matin*, könnten ebenso Pate dieses berlinischen Wortes gewesen sein.

ausländischen Arbeitskräften, deren Großteil tatsächlich aus der Türkei kam, praktisch einen eigenen Bezirk. Das alte Arbeiterviertel Kreuzberg lag dicht an der Mauer, und die Häuser dort waren zum größten Teil in einem miserablen Zustand. Es gab zahlreiche Wohnungen dort, in denen nicht einmal eine Ofenheizung zu finden war. Nach und nach hatten sich dort die Mietshäuser geleert und man plante, das Viertel nahezu vollständig abzureißen und etwas Schönes, Modernes mit viel Beton und Neonlicht an seine Stelle zu setzen. Als nun aber plötzlich viele Tausend Wohnungen gebraucht wurden, überreichte man in einer Geste der Großherzigkeit den Türken diese verwahrlosten Abrisshäuser. So entstand der sich hartnäckig haltende Mythos von Kreuzberg, der angeblich drittgrößten türkischen Stadt der Welt. Doch obwohl sie immer wieder gern zitiert und benutzt wird, ist diese Behauptung vollständiger Unsinn. Ganz Berlin, mit allen in Kreuzberg und in Wedding und Neukölln und überall sonst im Stadtgebiet lebenden Menschen mit türkischem Pass schafft es nicht einmal zur zwanziggrößten türkischen Stadt.

Nach dem Fall der Mauer kamen die Vietnamesen. Das heißt, eigentlich waren sie schon vorher da gewesen, nur waren sie da in einigen Ostberliner Hochhäusern versteckt worden und durften kaum Kontakt zur Außenwelt aufnehmen. Die »Vietnamesischen Werktätigen« (VWs) waren von der DDR ins Land geholt worden, weil sie größeren Fleiß und mehr feinmotorisches Geschick als ihre ostdeutschen Brüder und Schwestern zeigten. Ihre Lebensumstände waren äußerst bescheiden. Knallharte Verträge zwischen der Volksrepublik Vietnam und der DDR sollten verhindern, dass die Vietnamesen sich in Deutschland einlebten oder gar ein selbstständiges Leben aufbauen konnten. Nach einer festgelegten Anzahl von Monaten wurde jeder Vietnamese wieder zurück in die Heimat verschifft. Nach der Wende blieben dann viele dieser Vertragsarbeiter in Deutschland. Ein paar von ihnen schafften das legal, viele blieben als sogenannte Illegale im Land, vor allem in Berlin.

Nach den Vietnamesen kamen die Russen. In den elf Monaten, als die DDR praktisch schon untergegangen war, jedoch noch eine kleine Spitze vom Schiffsrumpf über die Wasseroberfläche hinausragte, war Ostdeutschland eines der liberalsten Länder des Planeten. Jeder, der sich auch nur etwas Mühe gab, erhielt einen offiziellen Status. In einem Land, in dem über Jahrzehnte vor allem die Ausreise seiner Bürger tägliche Realität gewesen war, konnte man sich nur schlecht vorstellen, dass viele Menschen wirklich bleiben oder dorthin ziehen wollten. Es waren vor allem Menschen aus der ehemaligen Sowjetunion, von den Berlinern einheitlich »Russen« genannt, die diesen Umstand nutzten und nach Berlin einwanderten. Nachdem die Lokalpresse ein paar Jahre lang ausschließlich und in Verkennung der komplexen Realität von der *Russenmafia* und ihren schrecklichen Gewaltverbrechen geschrieben hatte, drehten sich die Berliner eines Tages um und stellten fest, dass die Russen schon überall waren. Sie saßen in den Straßenbahnen, telefonierten laut mit Handys und verkauften in kleinen Lebensmittelgeschäften Pelmeni, Kwas und russisches Konfekt. »Wer sind diese Russen, die offensichtlich nichts mit Mafia zu tun haben?«, fragten sich die Berliner verdutzt. Dem Berliner Schriftsteller Wladimir

Kaminer gebührt das Verdienst, die Deutschen im Allgemeinen und die Berliner im Besonderen in seinen zahllosen Büchern über diese neuen Nachbarn aufgeklärt zu haben.

Nach den Russen kamen die Westdeutschen. In Ostberlin hießen alle Bürger der BRD »Westdeutsche«, auf der Insel Westberlin sagte man so zu den Festlandbewohnern westlich der innerdeutschen Grenze, alternativ auch »Wessis«.* Ja, dieser Begriff wurde schon vor der Wende in Westberlin erfunden, zusammen mit seinem Pendant »Ossi«. Angelockt von dem neuen Hauptstadtstatus und angetrieben von ihrer Geschäftigkeit, kamen auch die Wessis plötzlich in Massen nach Berlin. Doch im Gegensatz zu den Türken, die noch mit den schlimmsten Häusern vorliebnahmen, zu den Vietnamesen, die sich geschäftstüchtig vollkommen auf die Bedürfnisse der anderen Bewohner einstellten oder den Russen, die neue Rhythmen in die Stadt an der Spree brachten, war das Problem an den Westdeutschen, dass sie einerseits »schon immer« hier gewesen sein wollten und dass sie andererseits dafür kämpften, dass Berlin so schnell wie möglich wie ihr Westdeutschland aussehen sollte. Sie zogen in edelsanierte Häuser und achteten darauf, dass die bösen Sprayer diese nicht beschmierten. Anstatt die lokale Küche zu probieren, brachten sie Maultaschenrestaurants in die Hauptstadt, und anstatt dem lokalen Bier eine Chance zu geben, eröffneten sie Weinrestaurants und Kölsch-Kneipen. Um »Flair« in die

* »Flasche Sekt 150 Mark / Für'n Westdeutschen, der sein Geld versäuft / Mal sehen, was im *Jungle* läuft«, sang die Band *Ideal* 1980 in ihrem Song: »(Ich steh auf) Berlin.«

Hauptstadt zu bringen, stellten sie überall lackierte Bären auf, eine Aktion, die man vielleicht in Bottrop oder Güstrow kreativ und witzig gefunden hätte, die aber in der vor guter bildender Kunst schier überquellenden Stadt so deplatziert war, wie bunt lackierte und mit Lötkolbenverzierungen versehene Eulen nach Athen zu tragen. Aber, und das ist sicher, auch diesen aktuellen Ausschlag des Einwanderungspendels wird Berlin schließlich verkraften, und irgendwann werden die Maultaschen in diesen Restaurants mit Currywurst gefüllt sein.

Spätestens an dieser Stelle muss aber auch der beispiellose Exodus erwähnt werden, den Berlin in der Nazizeit erfuhr. Zusätzlich zu den Kriegsopfern des Weltkriegs der Nazis verlor die Stadt Tausende von Bürgern, ja eine ganze Kultur durch rassistische Exzesse der Faschisten. Nur ein paar S-Bahn-Minuten vom Stadtzentrum entfernt liegt das ehemalige Konzentrationslager Sachsenhausen. Nimmt man den Zug in die andere Richtung, kommt man zum Wannsee, wo die monströse Vernichtungspolitik der sogenannten Endlösung geplant wurde. Auf halber Strecke, in der Tiergartenstraße 4, wurde die nach dieser Adresse benannte »T4«-Aktion zur Vernichtung psychisch Kranker initiiert.

Beim Spaziergang in bürgerlichen Charlottenburger Vierteln, durch das Scheunenviertel oder die Friedrichstadt, beim Blick auf die Charité oder die Humboldt-Universität, überall kann man die Toten sehen. Die Stadt war ein kreatives Chaos, in das enorm viele Intellektuelle, Wissenschaftler und Künstler wie selbstverständlich zogen. Max Reinhardt, Albert Einstein und

Max Liebermann * seien stellvertretend genannt. Es gab Synagogen, ganze Viertel, die »jüdisch« waren. Bis heute hat es Berlin nicht geschafft, an diese Zeit anzuknüpfen.

Es gibt diese unheimlichen Momente in Berlin, wenn man plötzlich realisiert, dass man auf manchen alten Straßen über dasselbe Pflaster geht, über das vor gar nicht langer Zeit die SA marschierte. Dass links und rechts die Häuser stehen, aus denen sie die Juden zum Abtransport geholt haben. Auch auf Grund dieser Vergangenheit hat in Berlin keiner das Recht, die Stadt für sich allein zu beanspruchen. Wer möchte es ernsthaft wagen, noch einmal jemanden dieser Stadt zu verweisen? Gern wird immer wieder mal von den Medien versucht, ethnische Konflikte in der Stadt heraufzubeschwören mit unsinnigen Behauptungen, dass zum Beispiel alle Russen Mafiosi und alle Ukrainerinnen Prostituierte seien. Aber dabei geht es nur um Auflagen dieser Zeitungen und nicht um reale Probleme.

Ein schönes Beispiel dafür war die Kopftuchdebatte im Berliner Senat. Die Politiker debattierten in Sondersitzungen per Eilanträgen mit hochroten Köpfen und öffentlichkeitswirksamen Slogans darüber, ob Berliner Lehrerinnen ihre Schüler im Kopftuch unterrichten dürften. Schließlich sei das eine wichtige Sorge in dieser Stadt mit ihrem erheblichen türkischstämmigen Bevölkerungsanteil. Zur Rettung der inneren Sicherheit Ber-

* Liebermann wohnte direkt neben dem Brandenburger Tor. Als die Nazis am 30. Januar 1933 mit Fackeln durch das Tor zogen, prägte er den berühmten Ausspruch: »Ich kann gar nicht so viel essen, wie ich kotzen möchte.«

lins wurde schließlich entschieden, dass man es Lehrerinnen nicht gestatten könne, im Unterricht ein Kopftuch zu tragen. Ein Journalist recherchierte daraufhin, wie viele Lehrerinnen es überhaupt gab, die ein Kopftuch trugen oder tragen wollten. Die Zahl war null. Und auch ein Jahr nach Verabschiedung des richtungweisenden Beschlusses war diese Zahl nicht gestiegen.

Wenn wir zu Pfingsten Gäste haben, die etwas von Berlin sehen wollen, dann schleppe ich sie immer mit auf den »Karneval der Kulturen«. Das ist eine Einrichtung, die dieser Stadt uneingeschränkt zur Ehre gereicht. Jede hier lebende Kultur gestaltet mindestens einen Wagen, auf dem die Menschen in bunten Kostümen zu exotischer Musik und lauten Trommeln herumtanzen, obwohl es praktisch immer an diesem Tag zu regnen scheint. Am Straßenrand stehen Currywurst- und Dönerbuden, sodass dann alles natürlich auch typisch Berlin ist. Denn es ist doch so: Jeder, der hier ist und der das Leben der Stadt mitgestaltet, ist ein Berliner, ob er es will oder nicht. Das gilt für die Menschen, deren Vorfahren vor ein paar Hundert Jahren aus Frankreich gekommen sind, wie für die, die vor ein paar Jahrzehnten aus Polen gekommen sind und für die, die morgen aus Mozambique hierherkommen. Und es gilt sogar für Schwaben.

Hanebüchen romantisch

Natürlich haben Sie längst erkannt, dass es sich bei diesem Buch um keinen normalen Reiseführer handelt. Oder Sie haben das Buch in der Buchhandlung Ihres Vertrauens zufällig an genau dieser Stelle aufgeschlagen, in dem Fall erfahren Sie es jetzt sofort.

Ich bin froh, dass wir das nun hinter uns haben, denn auch von den folgenden Seiten dürfen Sie keine Restaurantempfehlungen, Hotelpreise und Adressen für glückliches Einkaufen erwarten, auch wenn ich die Adresse des besten Teeladens der Stadt kenne. In einem normalen Reiseführer hätten Sie längst etwas über die Öffnungszeiten der Museen oder die fehlenden Schließzeiten der Gaststätten gelesen. Und Sie hätten vermutlich einen ganz geheimen Geheimtipp für einen wunderbaren Marktbesuch im Szenebezirk Prenzlauer Berg bekommen. Oder Sie hätten in einer neueren Auflage gelesen, dass der ehemalige Szenebezirk Prenzlauer Berg nur noch voller Kinderwagen schiebender Yuppies steckt und insofern vollkommen inakzeptabel geworden ist. In Berlin gilt es stets, keinen Streit zu vermeiden und dann möglichst emotional zu streiten. Deshalb wird auch über den kleinen Bezirk Prenzlauer Berg heftig diskutiert in der Stadt. Ich wohne seit fast zwanzig Jahren dort und kann Ihnen gern meine Sicht der Dinge schildern.

Der Erste, den ich im Prenzlauer Berg kannte, war wohl mein Bruder. Er wohnte mit seinem Kumpel Tim in einer Ein-Raum-Parterrewohnung in der Prenzlauer Allee, und weder ich noch meine Eltern durften ihn jemals besuchen. Als ich ihn irgendwann mal dort abholte, wurde mir klar, warum: Die Wohnung war ziemlich klein, sehr dunkel, ziemlich dreckig und mit leeren Flaschen übersät. Ich denke, sie sind später einfach ausgezogen, anstatt aufzuräumen.

Die nächsten Leute, die ich im Prenzlauer Berg kannte, waren Freunde von mir: Katrin und Yvonne aus der Wörther Straße, der Altpunk Christus, der so hieß, weil er in der Christburger Straße wohnte, Thomas und Martha aus der Sredzkistraße, die schöne Jaqueline aus der Jablonskistraße, Martin aus der Rykestraße, von dem alle zehn Jahre vor ihm wussten, dass er schwul ist, und so weiter. Alle vernünftigen Leute, alle Feiern waren im Prenzlauer Berg.

Meine Mutter hatte immer zu mir gesagt: »An deinem achtzehnten Geburtstag fliegst du hier raus!« Und für mich war immer klar gewesen: An dem Tag ziehe ich in den Prenzlauer Berg.

Meine erste Wohnung war eine Ein-Raum-Parterrewohnung in einem Hinterhof der Dimitroffstraße. Die Wohnung war feucht und ziemlich dunkel, aber sie hatte ein Bad und war komplett möbliert, weil sich der Vormieter in den Westen abgesetzt hatte. Eigentlich war die Wohnung sogar übermöbliert, und vieles von dem alten Krempel, zum Beispiel eine große Voliere und eine komische Badkommode, stellte ich auf die Straße. Am Abend waren sie weg, so funktionierte der Möbelmarkt im Prenzlauer Berg. Auf meinen Spaziergängen fand ich einen Tisch und zwei Stühle auf die gleiche Art und trug sie nach Hause.

Als ich später gemeinsam mit meiner Freundin eine Wohnung suchte, gab es noch die KWV. Auch wenn es nicht mehr offiziell Kommunale Wohnungsverwaltung hieß, residierten immer noch dieselben Frauen im selben Gebäude in der Schwedter Straße und verteilten keine Wohnungen. Immer noch war Dienstag Sprechtag. Ich ging zu meiner Sachbearbeiterin und erklärte ihr, dass meine Freundin und ich eine neue Wohnung suchten. Sie erklärte mir, dass sie keine Wohnungen habe. Am nächsten Dienstag war ich wieder dort und sang dasselbe Lied. Sie flötete zurück, dass meine Freundin und ich nicht verheiratet seien, und dass wir deshalb sowieso keine Chance hätten. Am nächsten Dienstag war ich wieder da. Ich überraschte sie mit der Mitteilung, dass meine Freundin und ich eine neue Wohnung suchten. Sie erklärte mir, dass es viele andere, viel berechtigtere Wohnungssuchende gäbe.

In die Kunst der Ämtertaktik hatte mich meine Mutter eingeweiht. Die Taktik ging davon aus, dass die Damen dort sehr gut damit umgehen konnten, wenn jemand herumbrüllte, weil dauernd jemand herumbrüllte. Und dass es die Damen nicht beeindrucken würde, wenn man weinte, weil dauernd jemand weinte.

Aber dass sie nichts dagegen machen könnten, dass man sie jeden Dienstag heimsuchte, harmlos anlächelte und denselben Spruch aufsagte wie in der vorhergehenden Woche.

»Ich habe Ihnen doch schon gesagt, dass wir nichts für Sie haben«, sagten die Damen dann auch beim dritten Mal.

»Ja, ich wollte nur vorbeikommen, falls sich etwas Neues ergeben hat.«

»Nein, es hat sich nichts Neues ergeben, und es wird sich auch in absehbarer Zeit nichts Neues ergeben.«

»Kein Problem, bis nächste Woche«, flötete ich beim Hinausgehen.

»Aber ich habe doch gerade gesagt …«, was auch immer die Sachbearbeiterin danach sagte, prallte an der geschlossenen Tür zurück. Sie würde es mir ja am nächsten Dienstag erzählen können.

Jede Woche ging es ein, zwei Zentimeter weiter. Nach zwei, drei Monaten waren die Damen mürbe. Sie wollten mich nicht mehr sehen und fingen an, für uns nach einer Wohnung zu suchen. Die ersten, die sie meiner Freundin und mir anboten, waren ziemlich übel. Wieder Parterre oder hässliche Neubauwohnungen. Ich erklärte ihnen, dass mir die Wohnungen ja gefielen, aber meine Freundin leider da nicht wohnen wollen würde.

An einem einzigen Dienstag in vier Monaten konnte ich nicht.

»Dann lass doch die Woche einfach aus«, sagte meine Freundin.

»Auf keinen Fall!«, widersprach ich. »Dann können wir wieder von vorn anfangen. Wenn wir jetzt Schwäche zeigen, ist alle Mühe vergeblich gewesen. Du musst gehen.« Sie ließ sich überreden. Und es versetzt mir bis heute einen kleinen Stich ins Herz, dass ausgerechnet ihr unsere Wohnung angeboten wurde. Eine riesige Wohnung, vollkommen verkorkst geschnitten, mit vorsintflutlichen Öfen und einem riesigen hässlichen Flur, aber hell und ruhig.

Wir wohnen jetzt seit fünfzehn Jahren da, und mittlerweile ist es so, dass wir es uns ökonomisch betrachtet gar nicht leisten könnten umzuziehen. Für die gleiche Miete würden wir heute in vergleichbarer Lage nicht einmal eine halb so große Wohnung bekommen.

Deshalb wohne ich seit zwanzig Jahren im Prenzlauer Berg. Und seit dem ersten Tag kenne ich das Lied vom Niedergang des Viertels, der komplexerweise darin besteht, dass es mit dem Viertel bergauf geht. Die Häuser werden saniert, in den Wohnungen werden Bäder und Heizungen eingebaut, die Toilettenhäuser sind aus den Hinterhöfen verschwunden, und an trüben Wintertagen liegt nicht mehr der dumpfe Geruch von Rußbrand in den Straßen. Während über Jahrzehnte alle weg wollten aus diesem am dichtesten besiedelten Bezirk Berlins, wollen jetzt die Leute hierherziehen. Die Mieten steigen, und die Bombenlücken aus dem Zweiten Weltkrieg werden bebaut oder in kleine Parks umgewandelt. Das ist der Niedergang des Viertels.

Neben zahllosen Sticheleien, kritischen Randbemerkungen und anklagenden Schmähschriften von vielen Seiten erschien in der Hamburger Wochenzeitung »Die Zeit« eine mehrseitige Generalabrechnung mit dem Stadtbezirk. Alles, was man über den Prenzlauer Berg zusammentragen kann, wurde hier einmal durch den

Fleischwolf der Verachtung gedreht und dann in die Tiefen der ewigen Verdammnis geworfen.

Es ist nicht so, dass ich nicht verstehe, was gemeint ist. Hier gibt es keine Zwanzigjährigen mehr, nur noch Leute, die zwanzig sein wollen. Die einzigen Punks, die hier noch wohnen, sind die rebellischen Kinder reicher Eltern, und vor ein paar Monaten sind unsere Nachbarn von gegenüber nach zwanzig Jahren ausgezogen. Nicht nur, dass ihnen die Miete etwas zu hoch geworden war, sie hatten auch gefunden, dass die Läden und Kneipen nichts mehr für sie waren. Andererseits waren nun ihre drei Kinder ausgezogen, und obwohl sie jede Menge Wohnungssuchender mit ihrem Mietpreis für die Vier-Zimmer-Wohnung mit drei Balkonen in den Wahnsinn hätten treiben können, ging es ihnen wirtschaftlich nicht besonders, sodass es für sie schwer war, die Wohnung zu halten. Die alten Pröhls aus dem zweiten Stock sind nach der Sanierung gar nicht erst wiedergekommen. Sie waren mit ihrer Umsetzwohnung viel zufriedener. Glücklicherweise scheint es ebenso mit den schwer Integrierbaren aus dem ersten Stock gegangen zu sein, eine Riesenfamilie, die zwei Wohnungen belegte, und nur die schulpflichtigen Kinder standen gelegentlich vormittags auf. Weder sie selbst noch ihre nächtlichen Krachfeiern oder einer ihrer zahllosen Hunde sind nach der Sanierung wiedergekommen.

Es stimmt, die Proletarier, die wilden Trinker, die mit ungepflegtem Vollbart und blauen Arbeitsklamotten betrunken durch die Straßen zogen und mich immer an die Räuber aus den Märchen erinnerten, sie sind verschwunden. Auch die meisten Kneipen, in denen man sich von morgens um sieben bis weit nach Mitternacht mit billigem Bier und Klarem betrinken konnte und deren Speisekarten Knacker, Bockwurst und Bouletten mit Senf offerierten, sind verschwunden. Ebenso wie die Arbeiterkaffees, in denen man zwei halbe belegte Brötchen und eine Tasse Filterkaffee für zwei Mark bekam.

Und es stimmt, dass es dafür jetzt eine Menge Milchcafé-Läden gibt, in denen ein schnatternder Mob von März bis Oktober von neun bis siebzehn Uhr von der Scheibe *Gravad Lachs* bis zur sonnengetrockneten Tomate speist, die wohl unter der Sonne der Heizstrahler getrocknet ist. Dass es Läden gibt, in denen man lächerlich überteuerte Handtücher, lächerlich überteuertes Küchenzubehör, schwedische Arbeitskleidung, ayurvedische Ganzkörperberatungen und ökologisch angebaute Zuckerrüben bekommt. Es stimmt auch, dass nur zwanzig Prozent von denen, die neu hierherziehen, aus Berlin kommen; dass die Ausländerquote im Prenzlauer Berg vor allem aus G8-Ausländern erfüllt wird. Und natürlich scheint auf den ersten Blick die Ironie so dick, dass man sie in Scheiben schneiden und damit Stullen belegen könnte, wenn man bedenkt, dass die teuersten Immobilien der Gegend ausgerechnet um einen Platz herum gruppiert sind, dessen Namensgeberin berühmt wurde mit Zeichnungen der armen Proleten, die ihr Ehemann in seiner Arztpraxis genau an diesem späteren Kollwitzplatz behandelte.

Doch das ist ein interessanter Ansatzpunkt. Welcher von den Kritikern des Prenzlauer Bergs würde gern mit seiner Familie in einem Zimmer mit einem gemeinschaftlichen Plumpsklo für das ganze Haus auf dem Hof wohnen? Selbst wenn einer von ihnen jetzt behaupten würde, dies liebend gern zu tun, möchte man ihn fragen, wie vielen Arbeiterfamilien er ein solches Schicksal wünschte? Frau Kollwitz wäre bestimmt dagegen gewesen.

Gern wird sich auch über die Mütter vom Prenzlauer Berg lustig gemacht. Sie haben einen Knall, besuchen mit ihren gerade geschlüpften Kindern Englischkurse und stillen die Brut bis zur fünften Klasse. Voller Verachtung wird davon berichtet, dass die Musikschulen hier lange Anmeldelisten haben, während sie in Lichtenberg leer bleiben. Es stimmt ja, viele Mütter und Väter haben einen Knall, aber erstens wird dabei natürlich nur über eine Minderheit berichtet, und zweitens: Was soll man dagegen tun? Personen, die einen Knall haben, das Kinderkriegen verbieten? Die Musikschulen im Prenzlauer Berg schließen, weil sie überfüllt sind? Den Eltern frühe Förderung ihrer Kinder verbieten, sollen sich die Yuppie-Schlampen doch mal ein Vorbild an den Familien nehmen, die ihre Kinder bis zum achtzehnten Lebensjahr nicht fördern und danach sich selbst überlassen?

Zuverlässig tauchen auch Bioläden in der Liste der Dinge auf, die am Prenzlauer Berg nicht in Ordnung sind. Kann schon stimmen, dass es im Prenzlauer Berg mehr Bioläden als Imbissbuden gibt, und klar gibt es da eine Menge Unsinn, tonnenweise überteuerter Käse und Schnickschnack mit Biostempel. Wie könnte man das verbessern? Schön bei den Discountern einkaufen, die ihr Personal schlecht bezahlen, dafür aber bespitzeln, ihre Produzenten schlecht bezahlen und mit den Maximalprofiten Villen auf den Seychellen bauen? Oder das bodenständige Toilettenpapier kaufen, das mit dem guten alten Chlor gebleicht ist und noch aus beherzt abgeholzten Wäldern gewonnen wird? Gutes Schweinefleisch aus Massentierhaltung für zwei Euro das Kilo spachteln, von dem man wenigstens noch weiß, dass es nur von Hormonen und Wasser zusammengehalten wird?

Im Prenzlauer Berg, der etwa so viele Einwohner wie Darmstadt hat, gäbe es zehnmal mehr Ökostrom-Bezieher als in eben jenem Darmstadt, so lautet ein weiterer Vorwurf. Was kann man da machen? Den guten Atomstrom beziehen und dagegen kämpfen, dass zuviel Energie aus erneuerbaren Energien hergestellt wird? Vielleicht wäre es am besten, man überließe das Viertel nur seinen Kritikern, damit sie vormachen könnten, wie man richtig leben soll? Obwohl nicht klar ist, ob es genug Wohnraum für die vielen Kritiker gibt, doch die können ja auch noch bauen, dann können sie gleich zeigen, wie man auch das richtig macht.

Es hat Spaß gemacht, bei den Veränderungen im Prenzlauer Berg dabei zu sein. Es waren schöne Momente, frühmorgens aus dem *BlaBla* zu kommen und noch zwei belegte Brötchen bei *Höhne* zu essen. Das letzte Bier hatte man gerade hinter sich, die Bauarbeiter am Nachbartisch das erste vor sich. Es war lehrreich, wie *Leisten-Kratofiel* den Schwaben anschnauzte, der seine Dübel nicht richtig bestellte, und zu sehen, wie morgens vor *Willy Bresch* die zitternden Alkoholabhängigen unter der sich noch öffnenden Jalousie förmlich in den Laden eintauchten und sich abends an genau diesem Ort prügelten.

Aber war uns die Richtung der Veränderungen nicht immer klar? Hätte es uns denselben Spaß gemacht, hier zu wohnen, wenn wir gewusst hätten, dass die Häuser noch mehr verfallen würden, dass noch mehr Kaputte hierherziehen würden, dass es bald nur noch Billigketten, Handyshops, Lottobuden und Zigarettenläden geben würde? Wenn wir gedacht hätten, dass die wenigen Esskneipen bald weiteren Saufen-, Schlagen-, Schultheiss-Kneipen gewichen wären, dass die letzten Studenten bald das Viertel verlassen? Kaum zu glauben. Denn es war schon schön, dass nicht die Blockwarte von gegenüber das Klima im Haus bestimmten. Und den Wechsel im ersten Stock von einer schreienden, ins Haus kotzenden Familie mit laut bellenden Hunden zu Steve und Stefanie mit ihren drei netten Kindern haben wir auch als Gewinn empfunden.

He, auch mir ist es jetzt zu oft zu bieder und zu teuer, viele Läden sind mir zu affig, und ich würde mich freuen, mehr Berlinisch zu hören. Aber in die affigen Läden gehe ich nicht, und wenn ich es eines Tages nicht mehr aushalten sollte, werde ich eben wegziehen. Aber vorerst finde ich es gut, dass meine Kinder Hochdeutsch lernen und ohne Plastikgewehre und Coca-Cola aufwachsen.

Wenn man also darüber nachdenkt, richtet sich der Vorwurf gegen den Prenzlauer Berg in letzter Konsequenz gegen den Kapitalismus. Aber dass der ein rücksichtsloses, profitorientiertes System ist, hat den gleichen Neuigkeitswert wie der Name von Rumpelstilzchen. Der Ärger über den Prenzlauer Berg besteht vielleicht auch darin, dass seine Bewohner auf der Sonnenseite des Kapitalismus leben und diesen Umstand wenigstens teilweise reflektieren. Anstatt ihr Geld in ein Häuschen im Edelvorort, zwei Autos und ein Haus in der Toskana zu stecken, geben sie es für ihre Kinder, Bioernährung und Ökostrom aus und wählen kurioserweise Parteien, die tendenziell für eine gerechtere Verteilung des Wohlstandes sind, obwohl Parteien, die dafür eintreten, dass Reiche reicher werden, ihre eigentlichen Interessenvertreter wären. Das alles ist sicher lächerlich, denn bekanntermaßen ist die einzige substanzielle Verbesserung des Kapitalismus seine Abschaffung durch Revolution. Aber gerade durch ihren hoffnungslosen Versuch ziehen sie offenbar den Hass ihrer Kritiker auf sich.

Allerdings muss man sagen, dass bisher kein auch noch so kecker Artikel der Kritiker des Prenzlauer Bergs das System in seinen Grundfesten erschüttern konnte. Und es bleibt unklar, was besser wäre, wenn die gescholtenen Einwohner des Prenzlauer Bergs tatsächlich in den Grunewald zögen, der Mann morgens mit der Luxuskarosse zur Arbeit führe, das einzige Kind ein Internat in der Schweiz besuchte und die Frau am Tauentzien Pelzmäntel und tierversuchserprobte Kosmetik erstünde (mal abgesehen davon, dass damit das Feindbild der Kritiker wieder abgerundet werden würde).

Dass man also letztendlich den Bewohnern eines Viertels der Hauptstadt von Deutschland vorwirft, den Kapitalismus mitzumachen, ist mindestens genauso naiv und hanebüchen romantisch wie der Verbesserungskonsumismus, der den Prenzlauer Berg und vergleichbare Viertel auf der ganzen Welt prägen.

Ich persönlich freue mich, ehrlich gesagt, schon auf den nächsten Niedergang des Prenzlauer Bergs. Wenn langsam das ganz feine Zwirn wieder von der Straße verschwindet, wenn die Menschen wieder in Zimmerlautstärke in ihre Mobiltelefone sprechen, wenn die Läden für linksdrehendes Wollfett aus Peru zugunsten von Gemüsehandlungen verschwinden. Denn das ist oft das Beste an Moden: Sie sind vergänglich. Dann werde ich immer noch hier sitzen in meiner Wohnung und der Karawane lächelnd nachwinken.

Normal und alles andere

Frage: Kürzeste Berliner heilige Figur?
Antwort: J.

Einst stand ich auf dem Bahnhof Zoo, wartete auf meinen Zug nach Hamburg, und wie üblich hatte die Bahn uns allen einige zusätzliche Minuten des Wartens geschenkt. Zufällig hatte ich mich vor den Wagenstandsanzeiger hingestellt, also jener Tafel, der man entnehmen kann, an welcher Stelle im kommenden Zug der Speisewagen und wo die Erste Klasse zu finden sein wird. Da solche Tafeln in Deutschland außerordentlich beliebt sind, hatte ich das Gefühl, dass nahezu alle meine zukünftigen Mitreisenden dieser Tafel ihre Aufwartung machten. Mir fiel auf, wie problemlos ich die Bewohner Berlins von denen Hamburgs unterscheiden konnte. Die Hamburger trugen adrette Haarschnitte, durchaus praktische, wenn auch hochwertige und geschmackvoll arrangierte Kleidung und Koffer, die man so auch in das Schaufenster eines Taschenladens hätte stellen können.

Die Berliner dagegen hatten wuselige Haare, trugen irgendwelche Kleidung, die sie aus dem Schrank gezerrt hatten, und nicht eine einzige ihrer Taschen wären noch auf einem Flohmarkt verkaufbar gewesen.

Das Wort »normal« zirkelt einen Kreis ab, innerhalb dessen sich alles bewegt, was innerhalb von einer bestimmten Gruppe vereinbarter Normen liegt. Dinge außerhalb dieses Kreises sind in Abstufungen »fast nicht mehr normal«, »nicht mehr normal« und »abnorm«. Diese Begriffsbestimmung ist ausgesprochen wesentlich, will man die Berliner Normalität beschreiben. Grundsätzlich gilt: In dieser Stadt kann sich jeder wohlfühlen. Das heißt, wenn man in einer silberglänzenden Leggins mit bauchfreiem T-Shirt, Lockenwicklern in den Haaren und rosa Plüschpantoffeln eine Zeitung kaufen geht, könnte man in Gera oder Münster vielleicht einiges Aufsehen erregen, in vielen Berliner Bezirken würde man in seinem Zeitungsladen eine Menge Leute treffen, die genauso aussehen. Die Frau mit den zwanzig Katzen in der Ein-Zimmer-Wohnung, die gepiercte Oma, der Student, der in einer Weddinger Kellerwohnung seinen Säugling neben einer Leguan-Farm aufzieht, der langhaarige Mittvierziger, der auch im November barfuß mit Jesuslatschen und sehr kurz abgeschnittenen Jeans durch den Bioladen läuft – sie alle fallen in Berlin nicht auf. Daher zieht es viele Menschen hierher, die woanders als Außenseiter gelten würden. Das ist für die meisten angenehm. Die Schwulen und Lesben ziehen händchenhaltend durch die Stadt, die Transsexuellen fahren pfeifend auf dem Fahrrad zum Gemüsemarkt, und die letzten Teds lehnen sich cool an ihre Motorroller.

Der Begriff »normal« ist in Berlin außerordentlich weit gefasst. Eine Rentnerin mit auftoupierten, wasserstoffweißblonden Haaren, kiloweise Schminke auf Augenlidern, Lippen und Wangen, sodass man schon fürchtet, die Trägerin könnte vornüber kippen, einem bauchfreien T-Shirt aus Satinimitat, auf dem der Schriftzug »Bitch« in pinken Lettern prangt, und die dieses Ensemble durch weiße Leggins abgerundet hat, die so tief auf der Hüfte sitzen, dass sich die Schnüre des taubenblauen Tangas sichtbar in das üppige Hüftgold schneiden, zwischen den Fingernägeln, die so lang sind, dass sie vermutlich für jeden Nagel, mindestens aber pro Hand eine Flasche Nagellack verbraucht haben muss, in der Linken eine goldene Zigarettenspitze und in der Rechten eine Hundeleine, an deren Ende sich ein frisierter Pudel mit rosa getöntem Fell befindet – das ist in vielen Bezirken Berlins mit Sicherheit normal.

Deshalb ziehen sehr gern Menschen in diese Stadt, die anderswo auffielen, als verrückt bezeichnet werden würden, das ewige Lieblingsthema ihrer Kleinstadt wären. In Berlin kann es passieren, dass sie es sind, die in den ersten Wochen erstaunt die anderen angaffen. Manche kommen sogar mit diesem neuen Zustand der Normalität nicht zurecht. In ihnen erwacht der Ehrgeiz, weiterhin aufzufallen, der Individuellste in dieser Stadt von Individualisten zu sein. Das ist schwer. Um ein Berliner Original zu werden, braucht man viele Ideen und eine Menge Durchhaltevermögen. Es reicht nicht, einen lumpigen Nobelpreis oder Oscar im Schrank stehen zu haben oder gar ein weltweit anerkannter Künstler zu sein. Das Wichtigste ist es, »in Berlin weltberühmt« zu sein. Diesen Status erreicht man, indem man mindestens in einem Lied, besser noch auf einer ganzen Platte besingt, wie großartig man Berlin zu jeder Tages- und Jahreszeit findet. Oder man schafft es, immer wieder in der lokalen Boulevardpresse aufzutauchen. Einen ewigen Platz im Berliner Olymp wird man jedoch nur erreichen, wenn man mindestens einmal in einer Vorabendserie über Berlin mitgespielt hat. So wird man vielleicht anderenorts die Schauspielerin Brigitte Mira wegen ihrer Arbeit mit Rainer Werner Fassbinder schätzen, in Berlin ist sie aber für immer die Oma aus den »Drei Damen vom Grill«. Wer solche Art von Ruhm nicht erworben hat, kann noch so über die Straßen stolzieren, den Berlinern wird er egal sein.

Eins sei an dieser Stelle noch einmal gesagt: Es trifft nicht zu, dass die Berliner ein besonders tolerantes Herz, ein »leben und leben lassen«, ein Laisser-faire tief in sich tragen würden. Und mit Sicherheit ist es auch nicht so, dass irgendein starkes politisches Programm die Berliner erfolgreich zu ihrer Toleranz erzogen hätte. Allerdings muss man angesichts der üblichen Güte hiesiger Politik immerhin anerkennen, dass es bisher auch noch keinem Senat durch einen politischen Beschluss gelungen ist, das Klima in der Stadt dauerhaft und umfassend zu vergiften. Immerhin.

Nein, die Wahrheit über die Berliner Toleranz ist einfacher, was einleuchtend ist, weil sie sonst nicht von Millionen von Menschen über Jahrzehnte erfolgreich hätte praktiziert werden können. Der Mensch ist nicht gut, und die Berliner sind erst recht nicht besonders moralisch oder tugendreich. Vermutlich sind sie das sogar in geringerem Maße als die Bewohner anderer Städte und Länder. Es ist vielmehr so, dass der gemeine Berliner eine Art polyvalenter Intoleranz praktiziert. Während im Rheinland einmal jährlich alles an unterdrücktem Groll und Lüsten in einer alkoholgetränkten Woge der Enthemmung beim Karneval entladen wird, und der Norddeutsche seinen täglichen Kummer in Hochprozentigem ersäuft, trinkt der Berliner nur Bier, macht aber aus seinem Herzen keine Mördergrube. Den Spruch des alten Preußenkönigs, dass »jeder nach seiner Fasson« glücklich werden soll, hat der Berliner hemmungslos zu seinen Gunsten ausgelegt: »Ich mache ausschließlich, was ich will, und das ist auch gut so.« Prägnant zusammengefasst liest man das auf dem Stoßstangenaufkleber: »Berliner dürfen dit!«

Denkt man das konsequent weiter, lautet die erste logische Schlussfolgerung: »Jeder andere macht nicht, was ich will, und das ist nicht gut so.« Und getreu dieser Schlussfolgerung findet der Berliner alles, was andere machen, bescheuert. Da sich hier aber so unglaublich viele Gruppen von Menschen aufhalten: Hessen, Lesben, Esten, Politessen u. v. a. m., konzentriert sich die Energie der Ablehnung nicht auf eine bestimmte Gruppe, sondern resultiert in einer muffeligen Grundstimmung gegen alle, die aber so wenig zielgerichtet ist, dass sie schließlich achselzuckend alles toleriert. Wenn der Hass auf die Norweger genauso groß ist wie der Hass auf die Eritreer, gleichen sich beide Richtungen aus, und man ist äußerlich nicht mehr von einem toleranten Menschen zu unterscheiden.

Die wenigen Male, wo dieses Gleichgewicht des Schreckens gestört war, bleiben in schlimmer Erinnerung. Die Tode von Benno Ohnesorg oder das Attentat auf Rudi Dutschke oder die Wahlsiege der Republikaner sind schlimme Beispiele dafür, wie es enden kann, wenn ein Ungleichgewicht in dieses ausgewogene System kommt. Deshalb beschimpft man sich lieber seit mittlerweile vielen glücklichen Jahren, und dabei kann jeder nur hoffen, dass seine Flüche und Verwünschungen nie in Erfüllung gehen. Denn wenn auch nur eine Gruppe weggeht, und sei es die heute so unwichtig aussehende Population pfeifenrauchender Meeresaquarianer, so kann das doch für die Stadt unter Umständen weit schlimmere Folgen haben als der Flügelschlag eines Schmetterlings in Peking.

Wie, um Himmel Willen, soll ich mich nun in dieser Stadt bewegen?, fragt sich daher vielleicht der etwas ängstlichere Besucher. Aber das ist ganz einfach, man fährt einfach los, so wie man ist. Man lässt die Arbeitssachen an, man zieht sich seine Gummistiefel nicht aus, steigt in den Bus und fährt los. Wer Lust hat, setzt sich noch einen lustigen Hut oder eine bunte Sonnenbrille auf. Und wer einmal ausprobieren will, wie die eigenen Haare in azurblau aussehen, sollte das während seines Besuchs in Berlin machen. Keinesfalls sollte man versuchen, sich unauffällig oder schlicht zu kleiden! Denn mit nichts wird man sich unpassender gekleidet fühlen und schlimmer auffallen als mit einem mausgrauen Mantel oder einem schlichten Anzug. Sie würden die prüfenden Blicke aller auf sich ziehen. So herumzulaufen ist hier nicht normal.

Straßen von Berlin

…ihr habt noch immer
alle Sünden mir verziehen.
Harald Juhnke: »Straßen von Berlin«

In einem kosmischen Maßstab ist Berlin vielleicht nicht groß, und niemals wird es so groß sein, wie die Berliner es finden. Auf jeden Fall aber ist Berlin weiträumig. Die Stadt ist eine kunterbunte Zusammenballung verschiedener Städte, die aus heutiger Sicht gesehen praktisch zu nahe beieinander gegründet wurden. Besonders in den historischen Bezirken am Stadtrand ist das noch deutlich zu merken. Köpenick hat eine funktionierende Altstadt, und im schönen grünen Spandau erzählt man sich mit Grausen von der sagenumwobenen Stadt Berlin auf der anderen Seite der Havel. Darüber hinaus wächst Berlin krakenartig ins umgebende Brandenburg hinein, sodass das zu überblickende Territorium immer größer wird. Nur mit den Füßen kommt man also nicht besonders weit, will man Berlin kennenlernen. (Den meisten Bewohnern reichen die Füße allerdings aus, solange sie von der Wohnungstür bis zum Supermarkt und gelegentlich zur Kneipe am Eck tragen.) Außerdem ist der Prozess des Flanierens in Berlin eine anspruchsvolle Übung: Die Bürgersteige sind leider übervoll mit Hundescheiße, und wer sich seine Schuhe nicht verderben möchte, der wird bei einem Spaziergang kaum mehr als den immer nächsten Haufen sehen.* Will man nebenbei noch ein Geschäft entdecken oder gar etwas von der Stadt sehen, muss man gelegentlich stehen bleiben und den Blick heben. Dass man dafür von anderen, eiligen Fußgängern entnervt beschimpft wird, ist ein Umstand, den man schulterzuckend hinnehmen sollte.

Viele Eingeborene fahren mit dem Fahrrad, was eine mutige Leibesübung ist. Denn weil zugegebenermaßen viele Radfahrer die Farbe *Rot* von Ampeln prinzipiell ignorieren, sind viele Autofahrer, die frustriert an roten Ampeln stehen, sauer auf *alle* Radfahrer und probieren, ihnen bei jeder Gelegenheit eins auszuwischen. Zwar sind möglicherweise auch die Fahrradfahrer sauer darauf, dass viele Autofahrer prinzipiell die Höchstgeschwindigkeit nicht einhalten, aber welche Chance haben sie schon, Autofahrern eins auszuwischen?

Doch nicht nur Autos können dem Radfahrer zur Gefahr werden. Seit der recht großzügigen Einrichtung

* Dagegen etwas zu sagen oder gar zu unternehmen ist kreuzgefährlich. Gegen Berliner Hunde sind indische Rinder Freiwild. Kein Polizist traut sich, einen Schmutzhundbesitzer anzusprechen, auch politisch ist das Thema tabu. Trotz seiner desaströsen Haushaltslage leistet sich Berlin acht fahrende Hundescheiße-Staubsauger, anstatt das gleiche Problem mit ein paar Ordnungsstrafen in den Griff zu bekommen.

von Fahrradwegen überall in der Stadt ist eine große Zahl äußerst labiler Menschen auf diesen unterwegs. Fußgänger sollten unbedingt einen großen Sicherheitsabstand zu diesen rot markierten Pisten des Irrsinns halten! Einerseits fahren dort die Raser, die sich mental permanent im alles entscheidenden Schlussspurt der Tour de France befinden und rücksichtslos alle Gegner ausschalten wollen, nein müssen. Andererseits stehen dort Männer, die sich in hautenge, knallbunte Radrennfahrer-Kleidung gezwängt haben und die nun darauf zu warten scheinen, dass diese teure Profibekleidung sie sozusagen selbsttätig mit dem teuren Rad fortbewegt, ohne dass die kümmerlichen Muskeln dieser Männer einen Beitrag dazu leisten müssen. Dann fahren dort Menschen mit nicht verkehrsfähigen, fahrradähnlichen Vehikeln, die nur eingeschränkt lenk-, brems- oder fahrbar sind. Eine letzte Gruppe bilden Menschen, deren Fahrräder zwar in Ordnung sind, die sich aber selbst in einem verkehrsunfähigen Zustand befinden. Und dann gibt es noch jede mögliche Kombination dieser Gruppen, also eben auch den vollalkoholisierten Raser im Bonbonanzug auf dem Schrotthaufen. Das Konglomerat dieser verschiedenen Verkehrsteilnehmer drängelt sich nun auf dem knapp ein Meter breiten Radweg, der selbstverständlich in beiden Richtungen befahren wird, wodurch erfahrene Radfahrer gern auf die Fahrbahn ausweichen. Das mindert auch die Gefahr, an Kreuzungen auf dem Radweg von abbiegenden Autos erwischt zu werden.

Wenn man will, kann man auch mit dem Auto durch Berlin fahren, aber nur wenn man viel Zeit hat und kein bestimmtes Ziel verfolgt. Denn bei der wichtigen Entscheidung, ob man die Innenstadt für den Autoverkehr freigeben oder sperren will, hat sich Berlin für den Mittelweg des Nichtstuns entschieden. Eigentlich ist die Innenstadt freigegeben, aber die entscheidenden Straßen sind immer aus den unterschiedlichsten Gründen gesperrt. So kann der Ahnungslose problemlos hineinfahren, wird aber womöglich erst nach Tagen wieder herausgefunden haben, weil ihn plötzlich aus allen Richtungen Einbahnstraßen angähnen und Baustellen oder Botschaften großflächige Absperrungen verursacht haben. Für zusätzliche Frustration sorgt die Tatsache, dass die Ampelschaltung nie, absolut niemals der Verkehrssituation angepasst wird. So kann man beobachten, wie die vermeintliche Hauptstraße, auf der derzeit aber wegen Baumaßnahmen nichts als ein großer Kran und ein Betonmischer stehen, eine ewig lange Grünphase bekommt, während man selbst eine Ewigkeit in der eigentlichen Nebenstraße steht und darauf hofft, dass bei der nächsten Grünphase ausnahmsweise zwei Autos die Passage schaffen werden.

Zudem muss man mental sehr flexibel sein, denn die Art, ein Auto zu fahren, variiert von Stadtbezirk zu Stadtbezirk mit der Mentalität der Bewohner. Während zum Beispiel in Wilmersdorf oder Spandau der laut Straßenverkehrsordnung vorgeschriebene Mindestabstand des Fahrzeugs zum Mündungsbereich der Straße notfalls mit dem Zollstock nachgemessen wird, ist in anderen Stadtbezirken wie Neukölln oder Wedding ein Parkplatz immer dort, wo ein Auto steht. Ähnliche Gesetzmäßigkeiten gelten für den Umgang mit der Hupe oder die Verbindlichkeit von dem, was die Ampel anzeigt. Mancherorts sieht man das eher preußisch zurückhaltend – die Hupe als Instrument für Warnung und Strafe. In anderen Bezirken ist die Einstellung eher südländisch geprägt: Das heißt, man schaltet die Hupe im Wesentlichen zeitgleich mit dem Motor an und betrachtet sämtliche Verkehrszeichen als gut gemeinte, aber eher unverbindliche Ratschläge. Angesichts des Fahrverhaltens in diesen Bezirken, könnte man kaum glauben, dass in dieser Stadt Ampeln schon seit Längerem bekannt sind, dass hier 1924 sogar die erste Ampel Deutschlands überhaupt aufgestellt wurde.

Nachdem das Auto, das Fahrrad und das Zufußgehen ausscheiden, scheint die beste Möglichkeit, sich sicher durch Berlin zu bewegen, der öffentliche Personennahverkehr zu sein. Dieser wird dominiert von den Berliner Verkehrsbetrieben, abgekürzt BVG*. Eigentlich könnte alles so schön sein, zwischen der BVG und Berlin. Große Doppeldeckerbusse fahren zum Normaltarif durch die Stadt, deren Oberdecke luxuriöse Aussichtsplätze bieten. Die einzige Möglichkeit, dort oben in der vordersten Sitzreihe zu sitzen, ist es, an einer der Endhaltestellen einzusteigen, die Treppe hochzurennen und nicht wieder aufzustehen. Aber das kann sich lohnen: Mit der Linie 100 von einer Endhaltestelle zur anderen und mit der Linie 200 zurück, enthält die wesentlichen Teile jeder Stadtrundfahrt: Zoo, Schloss Bellevue, Potsdamer

* Ja BVG, mit G am Ende. Die ehemals vielen Verkehrsbetriebe wurden 1928 zu einer Aktiengesellschaft zusammengeführt, deren einziger Aktionär die Stadt Berlin war. Als die Gesellschaft dann 1938 in die städtischen Berliner Verkehrsbetriebe umbenannte, wurde das G aus historischen Gründen beibehalten. Lediglich in Ostberlin fuhren die Straßenbahnen und Busse für die BVB. 1990 hieß es dann: »BVG + BVB = BVG« (offizielles Werbeplakat).

Platz, Alexanderplatz, Reichstag, Schwangere Auster, Tiergarten, Unter den Linden, Humboldt-Universität, Friedrichstraße, Brandenburger Tor. Am Wochenende fährt der Berliner gern mit den öffentlichen Verkehrsmitteln ins Grüne, weil er meist auf dem Rückweg auch nicht mehr in der Lage wäre, selbstständig ein Verkehrsmittel zu lenken.

Aber trotz der Unentbehrlichkeit der BVG für die Berliner gibt es Probleme. Eine der zahlreichen Stadtillustrierten schrieb einmal, dass die Berliner eine Hassliebe zur BVG empfinden würden. Von einer solchen Ambivalenz des Verhältnisses ist mir nichts bekannt. Meines Wissens ist das Verhältnis zwischen den Berlinern und ihrer BVG von lupenreiner gegenseitiger Ablehnung geprägt. Wegen immer wieder von beiden Seiten ausgehenden verbalen und sogar körperlichen Auseinandersetzungen bietet die BVG ihren Mitarbeitern sogar Anti-Gewalt-Kurse und Deeskalationstrainings an, die einerseits das Verhalten gegenüber aggressiven Fahrgästen vermitteln sollen, andererseits aber auch einen besseren Umgang der Mitarbeiter mit ihren eigenen Aggressionen.

Die BVG hasst ihre Fahrgäste wohl, weil sie ihr nicht genügend Geld geben. Im Washingtoner Museum für Technik* stand ich einmal mit vielen Erwachsenen in

* Genannt »Smithsonian«, aber wir sind ja hier nicht in der »Gebrauchsanweisung für Washington, D. C.«. Auch in Berlin gibt es übrigens ein ganz ausgezeichnetes Museum für Technik mit Eisenbahnen, Autos und Lernspielen für Kinder im besten Alter. Und es gibt sogar eine Brauerei zum Anfassen. Väter schleppen hier am Wochenende ihre Kinder hin und lassen dann die Kinder gelangweilt in der Ecke stehen, während die Väter sich nicht sattsehen können.

der Kinderabteilung und drückte begeistert auf die bunt lackierten Holzknöpfe. Für die arroganten Kinder waren solche primitiven Spielereien nichts, sie hatten zu Hause Spielkonsolen der Extraklasse und waren nicht mehr mit solchen analogen Spinnereien zu locken. Sie betrachteten mit Kennermiene und hinter dem Rücken verschränkten Händen die Schaukästen mit der Originalformel zur Kernspaltung. Aber wir Erwachsenen, die wir in unserer Kindheit nichts hatten als einen kleinen Brummkreisel und einem Klumpen Torf als Kuscheltier, wir standen Schlange bei den Lernspielen. Besonders begeistert war ich von einem Spiel, in dem man als Bauer den Eierpreis festlegen konnte. War der Eierpreis zu niedrig, verdiente man zu wenig Geld. Steigerte man den Eierpreis, bekam man auch mehr Geld und als man gerade dachte, so könnte es immer weitergehen, ließ ab einem bestimmten Eierpreis der Umsatz nach und man verdiente immer weniger. Zu teure Eier kauft kein Mensch. Tragischerweise war offensichtlich noch kein leitender Mitarbeiter der BVG an diesem Washingtoner Schaukasten. Denn deren Fahrpreise haben vor langer Zeit die Grenze des Zumutbaren überschritten. Für das gleiche Geld, mit dem ein Student vor nicht einmal zehn Jahren einen Tag lang kreuz und quer durch die Stadt fahren durfte, kommt er heute drei U-Bahn-Stationen weit.

Auf die sinkenden Umsätze reagiert die BVG souverän mit weiteren Preissteigerungen. Der stabilste Nahverkehrspreis ist der sogenannte »erhöhte Beförderungstarif«, also das Strafgeld für Schwarzfahren, das in den letzten dreißig Jahren nur einmal erhöht wurde. Die Schwarzfahrerquote ist daher sehr hoch und schließt alle sozialen Schichten ein. Beim Schwarzfahren erwischt zu werden, gilt nicht als ehrenrührig. Es ist eher so, dass man sich etwas verlegen entschuldigt, wenn man eine Fahrkarte kauft. »Du, tut mir leid, ich hab heut keine Lust auf den Stress« oder »Ich bin mit der Kleinen unterwegs« sind oft gehörte Ausreden von Bezahlern. Es gibt viele Strecken, auf denen es für zwei Leute tatsächlich billiger ist, mit dem Taxi zu fahren, als eine halbe Stunde im Regen auf den teuren Bus zu warten. Aber mit dem Taxi zu fahren, ist so anstrengend wie anderswo, den Streckenkomfort bezahlt man nicht selten mit dem Anhören der traurigeren Aspekte der Lebensgeschichte des Fahrers oder seiner eher ungewöhnlichen politischen Meinung.

Die BVG beschäftigt eine Heerschar von Mitarbeitern, um Schwarzfahrer zu erwischen. Früher, als die Preise noch bezahlbar waren, standen zwei Kontrolleure in gut erkennbaren Uniformen auf den Bahnsteigen und riefen »Guten Tag, Fahrkartenkontrolle«, noch bevor sich die Türen geschlossen hatten, damit auch die Fahrgäste ohne gültigen Fahrschein, die gerade nicht aufgepasst hatten, noch rechtzeitig die Bahn verlassen konnten. In Bussen gab es prinzipiell keine Kontrollen, weil da ja der Busfahrer mit drin saß, der theoretisch die Fahrscheine hätte kontrollieren können. Später stiegen genügend Uniformierte für jede einzelne Tür ein und nahmen gelegentlich auch zwei Polizisten mit, denn die Kontrolleure der BVG dürfen niemanden festhalten. Eine Art sportlicher Fairness, wie man sie auch von der Jagd oder vom Angeln kennt, herrschte zwischen Kontrolleuren und Schwarzfahrern. Heute gibt es keine Uniformen mehr, auch in den Bussen darf kontrolliert werden, und es kann einem passieren, dass der nette Punk von nebenan oder jemand, dem man gerade ein bisschen Kleingeld geben wollte, plötzlich seinen Kontrolleursausweis zieht und man ihm dann den gesamten Inhalt seiner Geldbörse auszahlen muss.

Die Berliner haben inzwischen ein hohes Maß an Souveränität im Umgang mit Kontrollen entwickelt. So gibt es die Kurzstrecke für Schwarzfahrer und den Normaltarif. Für die Kurzstrecke steigt man in die Straßenbahn ein und kämpft sich mit aller gebotenen Langsamkeit zum Fahrkartenautomaten vor. Hat man ihn erreicht, bestaunt man zuerst die vielen bunten Knöpfe darauf. Es gibt die Tarifbereiche A, B und C. Folglich gibt es Karten für AB, BC und Zusatzkarten für A bzw. C. Es gibt Tageskarten* und Touristenkarten. Es gibt Karten für Rentner und Arbeitslose im Besitz gültiger Berechtigungsausweise. Es gibt Karten für Hunde und Fahrräder. Es gibt Karten für Sozialhilfeempfänger, hingegen keine Karten für Studenten. Also studiert man erst mal in aller Ruhe das Tarifsystem. Dann liest man, dass man für den Kurzstreckentarif nur sechs Stationen fahren darf, anderenfalls den regulären Tarif bezahlen muss. Dann zählt man auf dem Netzplan die Stationen aus, muss sich aber vorher überlegen, wie denn diese Station hieß, an der man eingestiegen war. Das alles dauert unendlich lange. Spätestens jetzt hat man sein Fahrziel oder die Endhaltestelle erreicht und steigt aus. Sollte man vorher von einem Kontrolleur belästigt werden, kann man glaubhaft versichern, dass man *gerade*

* Natürlich auch diese für AB, BC und ABC. Nur, um es erwähnt zu haben.

bezahlen wollte, aber zuerst herausfinden wollte, wieviel.

Der Normaltarif für Schwarzfahrer ist eher für den geduldigen Vielfahrer geeignet. Man kauft sich eine Zeit lang tatsächlich eine gültige Fahrkarte und fährt so lange damit durch die Gegend, bis man endlich in eine Kontrolle kommt. Dann zeigt man den Kontrolleuren nicht die Fahrkarte, sondern sagt einen immer gleichlautenden Spruch auf. Mein Freund Michael Stein, der diese Methode erfunden hat, sagte beispielsweise: »Ich bin Buddhist, und Sie sind nur eine Illusion.«

Aber: »Lassen Sie uns über die Erosion des Permafrost-Bodens in Sibirien reden!« oder »Was ist mit dem Schicksal des südbolivianischen Schlammspringers?« sind genauso geeignete Sätze. Der Kontrolleur wird zunächst eine mehr oder weniger unpassende Antwort geben, zum Beispiel: »Das ist mir egal, ich will jetzt trotzdem Ihre Fahrkarte sehen.« Dann sagt man wieder seinen Satz und muss schließlich mit den Kontrolleuren aussteigen. Da diese keine Personenkontrollen durchführen dürfen, müssen sie die Bundespolizei rufen, was natürlich eine Weile dauert. So lange steht man gemeinsam auf dem Bahnsteig herum und kommt nun vielleicht doch ins Gespräch über die klimatischen Veränderungen in Sibirien. Während dieser Zeit halten mit Schwarzfahrern prall gefüllte S-Bahn-Wagen, halten und fahren wieder los, von den Kontrolleuren mit sehnsüchtig schmachtenden Blicken verfolgt.* Kommen die

* Trotz oder vielleicht wegen der zahllosen Dementi der BVG sind alle Berliner davon überzeugt, dass die Kontrolleure eine Art Fangquote von Schwarzfahrern erbringen müssen.

Beamten endlich, zeigt man anstandslos seinen Fahrschein und lässt die versammelte Mannschaft mit offenen Mündern stehen.

Die ganze Prozedur muss man nur ein paar Mal machen, bis es sich in Kantinengesprächen unter den Kontrolleuren herumgesprochen hat, was für ein Verrückter einem da die Fangquote versaut. Als Michael nach einigen Wochen dieses Verhaltens mal wieder kontrolliert wurde und seinen Satz sagte: »Ich bin Buddhist, und Sie sind nur eine Illusion«, reagierte der Kontrolleur nur mit einem kurzen »Ach so, alles klar!« und ging weiter. Michael kaufte nie wieder eine Fahrkarte.

Die Preise der BVG werden nur in den geraden Jahren erhöht. In den ungeraden Jahren wird das Streckennetz ausgedünnt. Bushaltestellen werden gestrichen, Straßenbahnen kommen nicht mehr alle fünfzehn, sondern nur noch alle dreißig Minuten. Zwei Jahre später stellt man dann fest, dass niemand mehr eine Straßenbahn benutzt, die werktags von neun bis vierzehn Uhr alle halbe Stunde, sonst alle fünfundvierzig Minuten (außer in Schaltjahren) kommt. Dann kann man diese Straßenbahnlinie gänzlich streichen. Es entspricht dem Trend der Zeit, dass diese Kürzungen des Streckennetzes mit großem Werbeaufwand als Verbesserungen gefeiert werden. Dann kann der Fahrgast sich die neuen, langen Wartezeiten mit dem Studium von Hochglanzbroschüren vertreiben und erfährt, dass es einer »neuen Verkehrsphilosophie« entspricht, dass er sich hier die Zehen blau friert. Und natürlich werden auch keine Buslinien gestrichen, sondern man »konzentriert sich auf wesentliche Verbindungen« und dahinter steht garantiert irgendein »Konzept«.

Denkt man die seit Jahren bestehenden Trends konsequent zu Ende, kommt man zu dem Schluss, dass die ganze BVG eines Tages nur noch aus einem einzigen Bus bestehen wird, der einmal am Tag eine Runde über den Potsdamer Platz drehen wird. Weil natürlich der zu bezahlende Verwaltungsapparat nicht kleiner geworden ist,* sind die Preise exorbitant. Eine legal erworbene Fahrkarte schließt automatisch das Recht auf die Kontrolle der Fahrausweise der Mitfahrer sowie den Schusswaffengebrauch mit ein. Mit diesem Bus fahren zu können, wird ein unvergleichliches Statussymbol sein, mit dem man vor der Liebsten beim ersten Rendezvous protzen kann. Und mit diesem Bus schwarzzufahren, wird aufregender sein als jede andere Extremsportart.

* Ein Charakteristikum jeder Verwaltung. Die Verwaltung der englischen Segelmarine hatte zwei Jahre *nach* dem Ausflaggen des letzten Segelschiffes ihre höchste Anzahl von Mitarbeitern.

Beschleunigter Dialog*

Ick sitz in der Küche und ess Klops. Uff eemal klopts.
Ick kieke, staune, wundre mir – uff eemal isse uff, die Tür.
Nanu denk ick, ick denk: nanu. – Nu isse uff, grad warse zu.
Ick jeè raus und kieke. – Und wer steht draußen? Icke.

Alle sind sich darüber einig, dass die Berliner komisch sind. Manche halten sie sogar für humorvoll. Schlagfertigkeit und Mutterwitz werden ihnen unterstellt, aber auch Frechheit und eine mindestens gewöhnungsbedürftige Direktheit. All das ist richtig, und die Berliner Sprache hat einen nicht unerheblichen Anteil daran.

Stärker als den meisten anderen deutschen Mundarten haftet dem Berlinischen etwas Proletarisches an. Daher wurde und wird sein Gebrauch in allen Schulen streng untersagt. Wer im alten Westberlin etwas auf sich hielt, hatte es sich abgewöhnt beziehungsweise gar nicht erst angewöhnt und es berlinerten eigentlich nur noch

* Nach dem selbsternannten Berliner Propheten M. Stein: »Gewalt ist beschleunigter Dialog.«

soziale Problemfälle oder Berliner Urgesteine. Man sprach eine nordwestdeutsch geprägte Version des Hochdeutschen mit viel »halt« und »ne?« überall. In Ostberlin berlinerte jeder, der konnte. Die Sprache von Volkspolizei und Politbüro war eher südostdeutsch geprägt und das Berlinern eine Art der Abgrenzung. Ein feiner Unterschied bestand vielleicht darin, dass einige der Intellektuellen zur Not hochdeutsch sprechen konnten. Aber in allen sozialistischen Schulen war berlinern untersagt, obwohl dieser Kampf der Lehrer in manchen Berufsschulen wenig aussichtsreich gewesen sein wird.

Nach der Wende spielte sich am Beispiel der Sprache ein typisches Exemplar eines Wiedervereinigungsprozesses ab. Zunächst stellten beide Seiten überrascht ihre Unterschiede fest. Studenten fanden sich gemeinsam im Bett wieder, um am nächsten Morgen festzustellen, dass der so eine proletenhaft berlinert und die andere so affektiert Hochdeutsch spricht. Dann bemühten sich die Ostberliner darum, Hochdeutsch zu lernen. Das war nicht leicht, aber schließlich wollte man mitspielen. Nach einer Weile merkten sie, dass sie niemals richtig Hochdeutsch können würden und zogen sich trotzig auf ihr altes Stadtgebiet zurück, um dort in Ruhe zu berlinern. Weil aber im Osten am meisten los war und die Wohnungen billig, zogen die Neuzugänge am liebsten nach Ostberlin. Dadurch glaubten sie, dass der Berliner eben berlinert, und begannen, sich auch ein paar der Ausdrücke anzugewöhnen. Ein bisschen zu berlinern galt sogar als schick. Aber in Schule, Universität, Bewerbungsgespräch und bei anderen offiziellen Gelegenheiten sprach man weiter Hochdeutsch. Vielleicht kann man den so entstandenen Kompromiss auf die folgende Formel bringen: Wenn man sich die Haare gekämmt hat, bemüht man sich, Hochdeutsch zu sprechen. Aber wenn nicht, dann darf man auch berlinern.

Was also hat es mit diesem umstrittenen Dialekt auf sich? Für den Berliner ist die Sprache eine Art Waffe. Er schleudert seinem Gegenüber gern schnelle, flache Verbalwurfscheiben ins Gesicht. Sie werden kurz im vorderen Bereich der Mundhöhle geformt und dann mit viel Luft herauskatapultiert. Zum Beispiel sagt er lieber »Schnauze!«* statt »Klappe!«, »Keule« statt »Bruder« und »icke«** statt »du«. Die Vorliebe für diese kurzen, schnittigen Worte lässt sich auch sehr anschaulich an den Lehnwörtern ablesen, die Eingang in die Berliner Sprache gefunden haben, Worte wie »messitsch«***, »Datsche«**** oder »meschugge«*****.

Doch mit seinen verbalen Waffen sucht der Berliner mitnichten die Niederlage des Gegenübers, er sucht den Wettkampf, die sportliche Auseinandersetzung. Nachdem zwei Berliner sich so angeschrien haben, dass die Bordsteine zittern und ein auswärtiger Beobachter den Eindruck haben könnte, hier stehen sich zwei auf den Tod verfeindete Menschen gegenüber, wird sich dieser Beobachter wundern, beide Schreihälse mit einem Aus-

* Übersetzt etwa: »Könntest du deine interessanten Ausführungen für einen Moment unterbrechen?«

** Erstes Personalpronomen Singular, Ausdruck von Stolz und empfundener Größe, eigentlich unübersetzbar, aber am ehesten noch dem »Ich« im Hochdeutschen entsprechend.

*** Berlinisch für »message«

**** russ.: Sommerhäuschen

***** jidd.: geistig verwirrt

druck tiefster Zufriedenheit auseinandergehen zu sehen. Falsch ist es auf jeden Fall, schlichtend in das Geschrei einzugreifen. Dann würde man von beiden Kontrahenten erstmal *richtig* angeschrien und alle drei gingen unglücklich auseinander.

Die viel diskutierte Rechtschreibreform ist eine lächerliche Sandkastenübung im Vergleich zu dem heftigen Krieg, den die Berliner seit Jahrzehnten mit dem Hochdeutsch und insbesondere seiner aggressivsten Vertreterin, der deutschen Grammatik austragen.

Und wir reden hier nicht über Mundart. Jeder deutsche Dialekt hat seine Eigenheiten. So kann man die verschiedenen deutschen Landstriche auch danach unterteilen, was sie mit dem »R« machen. In wenigen Mundarten wird es ausgesprochen, so ersetzen die Rheinländer es gern mit einem harten »ch«. Die Berliner lassen es einfach weg, zu kompliziert. »Ick bin Balina«. Aber wie gesagt, darum soll es nicht gehen. Wir reden von einer Grammatikverweigerung gigantischen Ausmaßes. Akkusativ, Dativ werden nach dem Lotterieprinzip ausgewählt, der Genitiv ist weitgehend überwunden. Artikel und Pronomen werden ebenfalls »irgendwie, irgendwo, irgendwann« benutzt, um ein Lied der bekannten, aus Hagen stammenden, Berlinerin Nena zu zitieren. Auch die Zuordnung von Hauptwörtern zu den Geschlechtern weiblich, männlich, sächlich wird in dieser Stadt von jedem Bewohner täglich neu vorgenommen. Dazu kommt, dass ein Verb für den Berliner kein Verb ist, so lange ihm das Hilfsverb »tun« nicht beigeordnet wurde. »Tun« ist für die Berliner Verben das, was Stützräder für das Fahrrad eines Vorschulkindes sind: praktisch unerlässlich. So darf man sich nicht wundern, den Satz »Das darf man nicht machen tun!« auf den Straßen dieser Stadt zu hören.

Meiner Meinung nach illustriert der folgende Witz die Lage der Dinge trefflich: Vor der Humboldt-Universität ist eine Baustelle. Unter den Bauarbeitern bricht ein erbitterter Streit darüber aus, ob es nun »den« oder »dem« heißt. Da sieht einer der Arbeiter einen älteren Herrn auf die Universität zulaufen. Er sagt zu seinen Kollegen: »Den werick ma fragn«, und läuft zu dem Mann. »Tschuljung, abeitn se hia?«, fragt er. »Ja«, bestätigt der Mann. »Ich bin ein Professor.« »Dit is jut. Denn könnse mia bestimmt sagn, obet›den‹ oda›dem‹ heeßn muß.« »Nun ja«, sagt der Professor, »das kommt ganz darauf an. In Verbindung mit dem Dativ sollte man ›dem‹ sagen, in Verbindung mit dem Akkusativ hingegen ›den‹. Es gibt zwar noch ein paar Sonderfälle, aber als kurze Antwort sollte das reichen.« »Jut, danke«, sagt der Bauarbeiter und geht zurück zu seinen Kollegen. »Und wat hatta jesagt?«, fragen die. Der Bauarbeiter winkt nur ab: »Ach, der weeset ooch nich.«

Keinesfalls ist der Grund für diese Unzulänglichkeiten in mangelnder Übung zu finden. Die Berliner sind ungeheuer kommunikativ. Man wird im Bus, in der Fleischerei, auf Hochzeiten und in Fahrstühlen angesprochen. Es wird einem mitgeteilt, wie das Wetter ist, wie dem Redner der eigene Pullover und der seines Gegenübers gefallen und in welchem Zustand sich die Ehe des Redners befindet. Das geht bis hin zur Besonderheit, dass einem in Berlin fortwährend von wildfremden Leuten mitgeteilt wird, wo man sich gerade *nicht* befindet. Das Großartige an dieser Kommunikationstechnik ist, dass einem so niemals der Gesprächsstoff ausgeht, weil der aktuelle Ort an sich zwar immer nur begrenzt ist, aber die Zahl der Orte, an der man sich dadurch nicht befindet, praktisch unendlich. »Das ist hier kein Fahrradweg«, wird dem Radfahrer gern hinterhergerufen. »Wir sind hier nicht in Istanbul«, erfährt der orientalische Besucher ungefragt. »Das ist hier keine Telefonzelle«, ist eine Information, über die mancher Mobiltelefonist sich schon dankbar gefreut haben mag. »Das ist hier keine Wärmestube«, erfährt der Konsument eines Tees nach kurzer Zeit vom Wirt.

Der Berliner tut alles, um nur richtig meckern zu können. Dies drückt sich auch in der höchsten Lobpreisung aus, die der Berliner zu vergeben hat: »Da kann man nicht meckern.« Positiv gesehen, könnte man den Eindruck gewinnen, dass er rein gar nichts unterdrückt und psychisch recht gesund sein müsste. Die Seele reinigende, sozusagen kathartische Rituale wie eine wöchentliche Beichte oder ein Bad im Ganges sind daher nicht nötig, denn der Berliner unterdrückt keine Gefühlsregungen. Das Problem ist eben nur, dass er vielleicht doch manchmal einen Tick mehr loswird, als unbedingt notwendig gewesen wäre, und man sich bei solchen Gelegenheiten die zur Schau getragene Freundlichkeit und Diskretion anderer Landstriche wünschen würde. Und wenn man schon keine Geheimnisse hat, so denkt der Berliner, dann muss man sie auch vor niemandem haben. Daher sind die Hinterhöfe von Berliner Mietshäusern* traditionell ein beliebter Ort der Kommunikation.

* Angeblich ist die Mindestgröße dieser Höfe durch den Wendekreis der alten, pferdegezogenen Feuerwehrwagen bestimmt. Wer aber

Das funktioniert heute noch genau so wie vor hundert Jahren, als habe es solche Dinge wie die Entwicklung von Telefonen nie gegeben. Margitta hängt sich aus ihrem Hoffenster im zweiten Stock und ruft laut Ediths Namen. Nach einer Weile öffnet die ihr Fenster im vierten Stock und legt sich möglichst bequem auf ihre Fensterbank. Und im Folgenden kann jeder, der ein Fenster zu diesem Hof hat, mithören, dass Margitta jetzt endlich ihren Helmut rausgeschmissen hat, weil der immer so viel gesoffen und sie dann abends im Suff verprügelt hat. Und dass Edith das gut findet, weil der Helmut ein ganz falscher Fuffziger ist, was sie der Margitta schließlich schon immer gesagt habe. Wie gesagt, jeder, der ein Fenster zu diesem Hof hat, kann dieses Gespräch mithören, egal, ob er dieses Fenster geöffnet oder geschlossen hat, ob er will oder nicht. Jeder. Würde man Margitta und Edith fragen, warum sie sich denn nicht einfach einmal besuchen, würden sie einen wahrscheinlich nur verständnislos anblicken. Das ist so, als würde man zwei Argentinier fragen, warum sie sich denn beim Tango nicht mal in die Augen schauen.

Aber zurück zur berühmten Berliner Unfreundlichkeit. Sie ist eine Illusion, eine Fehleinschätzung, nicht existent. Sicher, die Umgangsformen sind rau. Ein Berliner Freund, der vor langer Zeit als Ausländer in diese Stadt gekommen ist, erzählte, dass er am Anfang dachte, alle Berliner wären ausländerfeindlich, bis er bemerkte, dass die auch miteinander so sprachen. Am schlimmsten

einmal an einem Sonntagvormittag an der beispiellosen Akustik dieser Orte teilhaben durfte, glaubt, dass akustische Maximierung das eigentliche Ziel der Erbauer war.

kam ihm damals das ständig gebellte »Tschuljung!« vor. Auch ich erinnere mich, wie ich nach einem längeren Aufenthalt im leisen Stockholm wieder in einer Schlange vor einer Berliner Kasse stand und vor mich hinträumte. Plötzlich bemerkte ich, wie hinter mir eine Naturgewalt heranbrauste, ich wurde abrupt an der Schulter herumgerissen und lautstark angebellt. Ich schreckte zurück, meine Einkäufe fielen mir aus der Hand. Mit vom Schrecken geweiteten Augen sah ich noch, wie ein Mann an mir vorbei den Laden verließ. Als der Schock langsam nachließ, registrierte ich, dass er mir lediglich »Kann ick mal bitte durch?« ins Ohr gebrüllt hatte. So ist es: Die Form ist rau, aber der Inhalt ist pure Höflichkeit und Anteilnahme.

Diese Erkenntnis heißt nach ihrer Entdeckerin das »Böhlsche Paradigma«. Folgende Situation: In zwei hypothetischen Städten steht ein Bus an der Haltestelle, die eine Stadt ist Berlin, die andere Köln oder München oder Dresden. Von sehr weit hinten kommt ein Passagier angehetzt. In Köln schließt der Bus die Türen und fährt ab. In Berlin wartet der Busfahrer mit offener Tür, und wenn der abgehetzte Fahrgast sich dann im Bus befindet, beschimpft ihn der Busfahrer, dass sich der Fahrgast einen Wecker kaufen solle, dass er mit diesem lahmen Tempo niemals beim Berlin-Marathon mitlaufen könne, und dass er jetzt bloß nicht wagen solle, das Fahrgeld nicht passend zu haben. Aber ich frage: Wer hat es besser, der unbeschimpfte Kölner, der im Regen an der Haltestelle auf den nächsten Bus wartet, oder der Berliner, der pünktlich zur Arbeit kommt?

Die Berliner lieben es einfach zu meckern und nehmen dafür alles in Kauf. Auf die Frage: »Wie geht es dir?«, antwortet man hier gerne: »Danke, ich kann noch klagen.« Ein echter Tipp für Touristen ist es, in Berlin einen Einheimischen beispielsweise auf die aktuelle Hundeverordnung der Stadt anzusprechen. Oder das Wetter. Oder die Regierung. Es ist nahezu egal. Wenn sich der Berliner warmgeschimpft hat, lässt man unauffällig einfließen, dass man noch stundenlang zuhören könnte, jetzt aber in sein Hotel müsste. Dafür dass er weiter meckern darf, wird er den Besucher gern bis zum Hotel begleiten.

Man sieht also, es gehört viel mehr zum Berlinern als »icke«, »dette« oder »kieke mal«. Es gibt noch Unterformen des Berlinerns, die hier nur angedeutet werden sollen. So ist das Spandauer Idiom weicher und eine an das Hochdeutsche angelehnte Grammatik ist zu erahnen. Hingegen ist das Lichtenberger Berlinisch härter und davon geprägt, »ch« als »sch« auszusprechen (»Lischtenberg«, »Schemie«), während das Pankower Berlinisch sehr traditionell ist und die meisten Lehnwörter aus dem Jiddischen kennt. Sollte jetzt beim unverständigen Leser der Eindruck entstanden sein, dass irgendetwas vom Obenstehenden als Kritik an der Berliner Sprache gemeint ist, so liegt ein Missverständnis vor. Die Schönheit des Berlinischen erschließt sich wie die Schönheit der ganzen Stadt frühestens auf den zweiten Blick. Ein großer Vorzug ist es, dass das Berlinische erfreulich resistent gegen politische Beeinflussung zu sein scheint. Die Nazis haben das Jiddische darin nicht verbieten können, das Politbüro konnte keine sozialistischen Floskeln etablieren. Die Berliner Zunge sucht sich selbst aus, welche Wörter und Wendungen aufgenommen werden.

So hat Berlin eine lange und für die Stadt stolze

Geschichte von Politikern, die zwar von dieser Stadt aus regieren wollten, aber offenbar eine andere Stadt wollten. Berühmt wurde der »Berliner Unwille«, eine Auseinandersetzung zwischen Kurfürst Friedrich II. und den Berliner Bürgern, die unter anderem den Bauplatz für das Stadtschloss unter Wasser setzten. Die Preußenkönige bauten die ganze Stadt um: vom Schloss für den König, der in unmittelbarer Nachbarschaft seine Pferde, seine Waffen und seine Kinder haben wollte und, nach diversen anderen Gebäuden, schließlich das Schloss für die Frau, am anderen Ende der Stadt. Hitler sah Berlin als »Sündenbabel« und wollte die ganze Stadt nahezu abreißen und seine gigantomane Fantasiestadt »Germania« an ihre Stelle setzen. Glücklicherweise war dieses Vorhaben erst für nach dem Endsieg terminiert, obwohl Speer schon überall in der Stadt große Betonkörper aufgestellt hatte, um die Bodenfestigkeit für seine Entwürfe zu untersuchen. Die DDR baute die Berliner Mauer, und unter Helmut Kohl entstand das neue Regierungsviertel, das mitten in der Stadt und doch nirgendwo zu sein scheint. Das Kanzleramt, zu dem die Berliner trotz hartnäckiger Bemühungen der Presse immer noch nicht »Waschmaschine« sagen, ist achtmal so groß wie das Parlament, die Wohngebäude für die Abgeordneten sind schlecht ausgelastet, weil man die Abgeordneten immer noch nicht dazu zwingen kann, in Silos zu wohnen und die lieber eine richtige Wohnung in einem richtigen Stadtteil beziehen.

Die Berliner Sprache ist also eine hochkomplexe Materie, an der man sich als Außenstehender nicht versuchen sollte. Der Besucher hat es so gut. Er darf sich in die Mitte einer viel befahrenen Kreuzung stellen, seinen

Riesenstadtplan entfalten und fragend in alle Himmelsrichtungen schauen. Er darf seinen Fotoapparat nehmen und mit den Japanern um die Wette knipsen. Er kann dem Kontrolleur glaubhaft versichern, dass er gern eine Fahrkarte kaufen würde, sobald er das System verstanden hat. Aber: der Besucher sollte schwäbeln, sächseln und plattdeutsch sprechen, was das Zeug hält. Er bekommt vom Bäcker auch dann eine Schrippe, wenn er sich ein Brötchen, Wecken oder Rundstück bestellen. Aber das Allerschlimmste ist mit absoluter Sicherheit, wenn ein Tourist so wenig Tourist sein möchte, dass er zu berlinern versucht. Das gibt schneller Lokalverbot*, als einem lieb ist, und zwar zu recht.

* In der DDR gab es tatsächlich die Strafe des »Berlin-Verbots«, das man gern gegen politisch missliebige Bürger aussprach. Der so Bestrafte durfte dann bei Androhung einer Gefängnisstrafe das Gebiet der Hauptstadt für eine bestimmte Anzahl von Jahren nicht betreten. Aber keine Angst, diese Zeiten sind vorbei.

Hauptsache satt

Machen wir uns nichts vor: Es ist nahezu unmöglich im Norden Deutschlands etwas Vernünftiges zu essen zu bekommen. Oder zu trinken. Dieser Teil unseres Landes ist zu oft von wüsten Heeren aus dem Norden heimgesucht worden, wilde Wikinger, böse Barbaren. Der Nordeuropäer isst, um satt zu werden. Er trinkt Wasser, um seinen Durst zu stillen. Und er trinkt Alkohol, um betrunken zu sein. Der Nordeuropäer zerquetscht alle Kartoffeln, die auf seinem Teller liegen, und gießt Soße darüber. Der Nordeuropäer dreht auch gern das Fleisch vor dem Essen durch den Wolf, damit er es einerseits mit Semmelbröseln strecken und andererseits schnell in sich hineinstopfen kann. Der Nordeuropäer trinkt lieber eine Flasche gebrannten Wein als ein Glas Merlot. Seine südlichen Nachbarn, die Mahlzeiten in Gänge unterteilen und zelebrieren, die Wein über ihre Zunge rollen lassen und nicht mehr als ein Glas davon trinken, betrachtet er mit äußerstem Argwohn. Machen sie sich nicht möglicherweise der Völlerei allein schon damit schuldig, dass ihnen das Essen schmeckt? Dem Nordeuropäer könnte so was nicht passieren. Möglicher Restgeschmack wird mit einem Schnaps sofort von der Zunge weggespült.

Zwar kann man sich streiten, ob die kulinarische Grenze im nördlichen Hessen oder im südlichen Niedersachsen verläuft, man kann sich darüber unterhalten, welche Gebiete Sachsen-Anhalts möglicherweise noch zur kulinarischen Südhälfte gehören, eines jedoch steht fest: Berlin liegt nördlich dieser Linie. Ein Freund von mir besitzt das Buch »Berliner Küche. Mit zahlreichen farbigen Illustrationen«. Das Buch sollte kindersicher aufbewahrt werden und in keinem gut sortierten Horrorromanregal fehlen. Die zahlreichen Fotos brauner und grauer Klumpen auf Tellern mit Zwiebelmuster verursachen Übelkeit. Ein gerichtsmedizinischer Bildband wirkt dagegen erholsam wie ein Kinderbuch. Wenn man die Berliner und Brandenburger machen lassen würde, gäbe es weder Salat noch Käse oder frisches Gemüse, lediglich die amerikanische Segnung der Kartoffel und das Sauerkrautfass würden dem Ausbruch von Skorbut entgegenwirken.

Am schnellsten kann man den kulinarischen Zustand einer Stadt wohl an der Anzahl ihrer Bäckereien ablesen. Berlin hat kaum noch welche. Zwar gibt es unzählige »Back-Shops«, gern auch mit einem Apostroph irgendwo*, doch das sind keine Bäckereien. Nein, es lohnt sich »Back-Shop« aus dem Englischen ins Deutsche zu übersetzen, weil die Übersetzung: »Rückwärtsge-

* Mit solchen Konstruktionen wie: Ine's Back-Paradie's

wandter Laden« der wahren Bedeutung erschreckend nahe kommt. »Back-Shops« sind Elektrobrot-Luken, die Lastwagenlieferungen tiefgefrorener Teigbatzen aus Teigbatzen-Fabriken in Zeitschalt-Uhr-Elektroöfen den Anschein von Brot und Brötchen verleihen. Noch auf dem Weg von der Elektrobrot-Luke nach Hause werden diese brötchenähnlichen Gebilde in der Tasche trocken und ungenießbar. Sie zerbröseln bei der bloßen Berührung durch ein Frühstücksmesser.

Früher konnte man in den »Back-Shops« noch eine Tasse »Kaffe« bekommen, um das trockene Backgut anzufeuchten. Dieses richtigem Kaffee durchaus unähnliche, braune und bittere Aufgussgetränk ist mittlerweile auch in Berlin weitgehend von solchen Getränken wie »Latte« oder »Kappu« verdrängt. »Latte« und »Kappu« kommen in den »Back-Shops« aus einem Plastikautomaten, von dem aus sie in einen Plastikbecher fließen. Sie sind doppelt so teuer wie früher der »Kaffe«, aber dafür erhält man noch einen Plastikstab dazu, mit dem man in seinem neuen Heißgetränk herumrühren kann. Den vorherrschenden Geschmack dieser Getränke kann sich der aufmerksame Leser der letzten Sätze selbst denken, alle anderen mögen es durch schreckliche Selbstversuche herausfinden und sich damit zu aufmerksamen Lesern der Zukunft erziehen.

Ich kenne in Berlin mehr als fünf Comicläden, viele Läden für gebrauchte Platten und drei Krimibuchhandlungen. Aber ich kenne nur eine vernünftige Bäckerei, in der man Brot, Brötchen *und* Kuchen kaufen kann. Das schelmenhafte Schicksal hat diese Bäckerei als typischen Scherz ausgerechnet nach Lichtenrade verlegt. Zur Erläuterung für den Ortsfremden sei mitgeteilt, dass ich von meiner Wohnung aus Lichtenrade frühestens nach zwei beschwerlichen Tagesreisen erreiche. Ich bin mittlerweile schneller in Toulouse als in dieser letzten echten Bäckerei. Ihren Namen zu nennen verbietet sich an dieser Stelle, allein schon weil ich bei den seltenen Besuchen dort nicht noch länger als bisher anstehen möchte. Diese Bäckerei aber ist legendär. In der langen Warteschlange treffen sich Backwarenfreunde aus der ganzen Stadt und schauen sich verschwörerisch an. Viele Zugezogene sind dabei, aber auch Eingeborene, die versuchen, ihre Köpfe in den hochgezogenen Mantelkrägen verschwinden zu lassen.

Meine Frau hat sie entdeckt, weil eine Spezialarztpraxis in der Nähe liegt. Nie zuvor habe ich so darauf geachtet, dass meine Frau pünktlich ihre Nachsorgetermine wahrnimmt wie bei dieser Spezialarztpraxis in Lichtenrade. Ich habe sogar allen möglichen Bekannten übertriebene Ängste eingeredet (»Lass das lieber mal nachgucken, könnte ja was Ernstes sein«), nur um an die herrlich duftenden Kartoffelbrötchen dieses Bäckers heranzukommen. An der Einmaligkeit einer solchen Einrichtung lese man ab, wie schlecht es um die Backkunst in der Stadt bestellt sein muss.

Ein noch aussagekräftigerer Indikator für die Qualität einer Küche ist in Deutschland die Qualität der Soßen. In manchen Regionen wird eine Mehlschwitze zubereitet, andere dicken die Soße mit Stärke oder Johanniskernmehl an oder seihen einfach die angebratenen Gemüse, wodurch vollkommen auf zusätzliche Bindemittel verzichtet werden kann. Es gibt regionale Unterschiede, ob man die Soßen lieber mit Rosmarin, Rotwein oder Thymian abschmeckt. Es gibt die Bechamel, die Bernaise, die Diable. In Berlin hat man die Wahl zwischen Ketchup, Mayo oder Senf. Alle anderen Soßen kommen aus der Tüte und schmecken auch so, daher sollte man genau nachfragen, bevor man sich zur Saison holländische Soße auf seinen Spargel kippen lassen möchte, man könnte es für den Rest des Tages bereuen.

In der Küche des Berliners passiert selten viel. Meistens gibt es »Stulle mit Brot«, weil das ja reicht, um satt zu werden. Und wenn jemand bei sich zu Hause etwas mit Salat, frischen Kräutern und Reis zubereitet, schließt er lieber die Vorhänge, um nicht den Zorn der Nachbarn auf sich zu ziehen. Wie nirgendwo anders, denkt man darum beim Stichwort »Berliner Küche« sofort an die zahllosen Imbissbuden. Leider zu recht. Mit ganzen Fleischstücken kann der Berliner nicht umgehen, diese kommen höchstens mit Panade getarnt auf den Tisch. Am meisten schätzt der Berliner das durchgedrehte Fleisch: Bouletten, Bock*- und Currywürste sind die typischsten Berliner Gerichte, serviert

* Die Bockwurst ist übrigens sogar in die Medizingeschichte eingegangen. Teile des U-Bahn-Netzes verkehren überirdisch, und unter den Gleisen stehen bis heute Imbissbuden. Wenn die Arbeiter von der Schicht kamen, sich noch schnell eine Bockwurst kauften und dann auf den Gleisen ihren Zug herannahen hörten, kam es mitunter dazu, dass ein Arbeiter vor Schreck seine bereits an den Mund geführte Bockwurst quasi einatmete und auf der Stelle umfiel. Wenn man jetzt nicht sofort die Bockwurst aus der Luftröhre entfernte, verstarb das Opfer am vom großen Berliner Pathologen Virchow so genannten »Bolustod«, auch genannt der »Berliner Bockwursttod«. Das Phänomen beruht auf einer Nervenreizung. Wenn man die Wurst entfernt, kommt es zur Sofortheilung. Wahrscheinlich deshalb werden die Würste unter den Gleisen heute nur noch gestückelt verkauft.

mit einem schönen Kartoffelsalat, bestehend aus gekochten Kartoffeln und ein paar sauren Gurken, die in Mayonnaise schwimmen. Befindet man sich in einem Tempel der Berliner Spitzengastronomie, erhält man noch eine ungetoastete Scheibe Toastbrot dazu. Jedenfalls wird man satt. Und das ist immer noch besser, als einer Berliner Kneipe irgendwelche gewagten Experimente abzufordern. Hier sollte man kein Cordon bleu bestellen, die Enttäuschung könnte riesig sein. Bei Eisbein mit Erbspüree und Salzkartoffeln bekommt man sicher, was man bestellt hat, denn jede Abweichung vom Originalrezept würde die Zubereitung teuerer machen.

Man sollte sich auch nicht von Namen täuschen lassen. Ein Restaurant mit dem Namen »Chez bei Sandrine«, dessen Besitzerin, sagen wir, Sandrine Madraux heißt, kann durchaus eine aufgeplatzte Bockwurst als einziges akzeptables Gericht auf der Speisekarte führen. Außer den französischen Namen haben die Hugenotten nämlich wenig aus ihrer alten Heimat nach Berlin retten können. Auch von den Russen ist kulinarisch noch wenig in der Stadt zu spüren. Ehemalige Balkanbewohner betreiben praktisch ausschließlich italienische Restaurants, sodass der Berliner verwundert ist, wenn es ihn einmal in einen von Italienern betriebenen Italiener verschlägt. Unter Umständen ist der echte Italiener dann nämlich »kein richtiger Italiener«, weil es dort weder Pizza noch Spaghetti zu essen gibt.

Neben Pizzaläden sind noch die Asiaten stark vertreten. Unter der Nationenbezeichnung »Chinesisch«, in letzter Zeit auch verstärkt »Thailändisch« oder »Indisch«, bereiten sie den Berlinern Gerichte zu, die es in den angeblichen Ursprungsländern überhaupt nicht gibt. Denn die Wahrheit ist doch, dass der Wunsch nach exotischem Essen meist nicht sehr weit geht.

Einen bleibenden Eindruck auf die Berliner Feinschmeckerei haben jedoch mit Sicherheit die Türken gemacht. Ich wage vorherzusagen, dass innerhalb weniger Generationen schon kein Mensch mehr wissen wird, dass der Döner ursprünglich ein türkisches Gericht gewesen ist. Diese Fleischfetzen in Hefebrot mit Krautsalat und Soße sind vielleicht das wichtigste gastronomische Ereignis für die Berliner Küche seit der Einführung der Kartoffel. In seiner hier verbreiteten Form gibt es den Döner übrigens in der Türkei nur unter der Bezeichnung »Berlin Döner« zu kaufen.

Die Palette der Berliner Getränke ist schnell abgehandelt: Bier. Es gibt Malzbier für die Kinder, das aber nicht mehr Malzbier heißen darf, sondern als »Malztrunk« ausgewiesen werden muss, aber natürlich unter dem Namen Malzbier bestellt wird, weil sonst kein Wirt weiß, wovon die Rede ist.

Berliner Weiße ist ein Spezialgetränk, dessen Existenz erstmals 1575 urkundlich bestätigt wurde. Berliner Weiße ist ein normalerweise hefetrübes, alkoholarmes Bier aus Weizen- und Gerstenmalz. Sie wird halbvergoren auf Flaschen gezogen, wo sie gleich dem Champagner seinen letzten Reifungsprozess durchläuft. Als die Flaschen noch nicht ganz zuverlässig waren, vergruben die Wirte die Weiße darum lieber in ihren Kellern, um die gelegentlichen Explosionen im Sand verlaufen zu lassen. Wegen ihres säuerlichen Geschmacks begann man im 19. Jahrhundert, der Weiße Sirup beizumischen, und ist bis heute dabei geblieben. Die »Weiße mit Schuss« erfreut sich besonders im Sommer bei Frauen und Touristen großer Beliebtheit. Dabei ist die Bestellung einer Weiße durchaus eine komplizierte Angelegenheit. Man muss sich dazu äußern, ob und wieviel vom grünen oder roten Sirup man in sein Glas haben möchte. So kann man »eine Weiße mit viel rotem Schuss« oder »eine Weiße mit ganz wenig Grün« bestellen. Berliner Männer trinken Weiße allenfalls heimlich, weil es irgendwie als Memmengetränk gilt.

Westberliner Männer trinken vornehmlich Schultheiss und Ostberliner Männer trinken vor allem Berliner Pilsner. Trotz dieser scheinbar strikten Trennung, werden beide Biersorten von ein und derselben Firma hergestellt. Absolut dominierend sind also Biere Pilsner Brauart, die untergärig und relativ stark gehopft sind. Ein unabhängiger Gutachter, der mit verbundenen Augen eine Prüfung der Berliner Biersorten vornähme, würde sich vielleicht über die etwas zu grobblasige Kohlensäure, das wenig sorgfältig gebrannte Malz und die geschmacklich höchstens einfach zu nennende Hopfung beschweren. Er würde sich wundern, warum in einer solchen Biertrinkerstadt kein besseres Brauereihandwerk ausgeübt wird, obwohl in dieser Stadt seit 1883 sogar die »Versuchs- und Lehranstalt für Brauerei« angesiedelt ist, die sich der wissenschaftlichen Verbesserung des deutschen Bierguts verschrieben hat. Trotzdem lässt der Berliner natürlich nichts auf seine Molle kommen und der Gutachter kann ja nach drüben gehen.

Andere Getränkesorten wie Hefeweizenbier oder Kristallweizenbier werden für Pseudointellektuelle und Zugezogene vorgehalten. Mexikanisches Dünnbier wird in kleinen Flaschen zu teuren Preisen an Spinner ausgeschenkt. Und für alle, die nicht gern Bier trinken, gibt es Beck's.

Und doch ist es so, wie es in einem amerikanischen Sprichwort heißt: »Wenn du in Rom bist, tue, was die Römer tun.« In unserer Welt der Übermobilisierung, Billigflieger und Freiheit des Individuums, steht es jedem frei, nach Paris oder Zürich zu fliegen, um dort die vermeintliche Krönung kulinarischer Kunst zu genießen. Wen aber der Wind des Schicksals nach Manchester verschlägt, der sollte auch bereit sein, dort Fisch und Chips zu essen. Und wer nach Berlin kommt, dessen kulinarischer Anspruch sollte darin bestehen zu wissen, ob er die Soßenfarbe »Kräuter, Knoblauch oder scharf?« in seinem Döner möchte und ob er darauf besteht, dass die Currywurst auf einem Grill erhitzt wird oder auch schon mal in der Friteuse erwärmt werden darf.

Ganz und gar verboten gehören nämlich in Berlin die sogenannten feineren Restaurants. Deren wesentlicher Nutzen besteht nicht etwa in Zubereitung und Verkauf wohlschmeckenden Essens, sondern vor allem in dem von Soziologen sogenannten Distinktionsgewinn: Wer in den feineren Restaurants der Stadt essen kann, der unterscheidet sich von dem vor der Imbissbude mampfenden Pöbel. Um diesen Unterschied zu unterstützen, haben diese Restaurants vor allem eine wesentliche Gemeinsamkeit: Die Preise sind überhöht.

Da sich aber der Gaumen der dort sitzenden Oberschicht trotz allen Geldes dennoch nicht vom Pöbel unterscheidet – in der Tat scheint es von jedem etwas bekannteren Berliner mehrere Fotodokumente anlässlich eines Imbissbudenbesuchs zu geben – ist das, was im

Inneren der feinen Restaurants passiert, teilweise haarsträubend. Die raue Berliner Herzlichkeit hat man in der Regel zugunsten purer Unhöflichkeit abgestreift. Wer nicht der Schah von Persien oder ehemaliger Mitwirkender einer Vorabendserie ist, bekommt nach mehrmonatiger Voranmeldung einen Platz bei den Toiletten. Wollte man gar kurzfristig versuchen, einen Tisch zu reservieren, so würde dieser vermutlich direkt in den Toilettenräumen stehen. Um sich möglichst weit von der bierseligen Gemütlichkeit der Kneipen zu distanzieren, erinnert das Ambiente meist an das gut ausgeleuchtete Studio einer Domina. Wände und Fußböden sind aus abwaschbaren Materialien, die Stühle zum Sitzen nicht geeignet, die Tische etwas zu hoch.

Ganz furchtbar wird es dann, wenn das Essen auf diese Tische gestellt wird. Es kann einem wohl nur in Berlin passieren, dass man ein »Cervelle de veau« ordert und das bestellte Kalbshirn *im eigenen Schädel* auf den Tisch gestellt bekommt. Neuerdings soll es auch Restaurants geben, in denen sich der Koch bemüht, alle Speisen mit Hilfe des *Vorwerk Thermomix* zuzubereiten, in dem die Lebensmittel in ihre Atome zerlegt, mit Stickstoff aufgeschäumt und leicht erwärmt werden. Dass man bei einer romantischen Kerzenlicht-Verabredung mit seiner Herzensdame Mangoschaum auf Kartoffelschaum an Filetschaum für teures Geld einrüsseln soll, ist vielleicht nicht jedermanns Sache.

Die auf ihren Distinktionsgewinn bedachten Berliner schaufeln trotzdem alles mit Todesverachtung hinein. Wenn sie hinterher noch Hunger haben, wird sich auf ihrem Heimweg mit Sicherheit noch eine Imbissbude finden lassen.

Rostberlin

Mal ehrlich: Haben Sie nicht auch genug von dem ganzen Ost-West-Gerede? Wahrscheinlich haben Sie schon lange genug von dem ganzen Ost-West-Gerede. Aber wie soll man eine brauchbare Gebrauchsanweisung für eine Stadt verfassen und gleichzeitig das prägende Charakteristikum dieser Stadt zu ignorieren versuchen? Wie soll man über Jerusalem schreiben, ohne Juden und Araber zu erwähnen, wie soll man über St. Petersburg reden, ohne von Lenin zu sprechen? Vielleicht ist das eines Tages möglich, aber derzeit kommt man noch nicht darum herum.

Wer von Berlin erzählen möchte, ohne die mehr als vierzigjährige Trennung der Stadt zu erwähnen, ist bestimmt Mitglied irgendeiner sich im Wahlkampf befindenden politischen Partei und spricht gerade im Fernsehen. Denn nach einer kurzen Zeit, in der jedermann krampfhaft betonte, wie unwesentlich für ihn die Unterschiede zwischen Ost und West seien, hat man sich jetzt mental wieder vollkommen in die Grenzen von 1988 zurückgezogen. Vierzehnjährige Nachwendekinder bezeichnen sich als »Ostler« oder »Westler«, je nachdem auf welcher Seite der nicht mehr vorhandenen Mauer sie geboren wurden. Einem Berliner Künstler, der unlängst verlautbaren ließ, er wolle kein ost- oder westdeutsches, sondern deutsches Theater machen, wurde höhnisch »Blauäugigkeit« vorgeworfen. Mit der einzigen Ausnahme der *Berliner Zeitung,* die angeblich in beiden Stadtteilen gelesen wird, herrscht auch bei den Zeitungen eine klare Zuordnung: der Ostberliner liest den *Berliner Kurier,* dessen Werbezeile »Der von hier« nur für den Touristen unverdächtig erscheint, der Westberliner liest den *Tagesspiegel* oder vielleicht die *taz* und mit Sicherheit die *BZ* aus dem Hause Axel Springer. Und weil das so ist, haben diese Zeitungen längst ihr Werben um die Leser aus den anderen Stadtteilen eingestellt und beziehen in Auseinandersetzungen stets die Ost- oder die Westposition.

Auf Jalta im Schwarzen Meer vereinbarten im Februar 1945 die späteren Siegermächte, Berlin als eine Art Schreibtisch zu benutzen, an dem man die Geschicke des späteren Kriegsverlierers Deutschland verhandeln würde. In meiner Kindheit verstand ich nicht, warum sich Russen und Amerikaner an der Elbe getroffen, dann aber die Stadt an der Spree miteinander geteilt hatten. Man kann dem georgischen Verbrecher Stalin unendlich viel vorwerfen, aber ausgerechnet diesen Vertrag brach er nicht. Er gab jeder der Westmächte einen Sektor in der von den Russen eroberten Reichshauptstadt ab.

Sehr bald nach der Einteilung der Stadt in diese Sektoren konnten die Berliner erkennen, wo die Mauer noch nicht stand. Obwohl das Bauwerk erst sechzehn Jahre später gebaut wurde, entwickelten sich die Stadtteile vollkommen unterschiedlich. Auf der einen Seite gab es amerikanische Kinofilme und Wirtschaftwunder, auf der anderen die planmäßige Entwicklung des ersten Arbeiter- und Bauernstaats. Aus heutiger, verklärter Sicht erscheint es rätselhaft, dass angesichts eines Walter Ulbricht und seiner Genossen überhaupt noch sechzehn Millionen Menschen bis zum Mauerbau in der DDR verblieben.* Aber wenn man sich um einen vorurteilsfreien Blick bemüht, war die westliche Alternative Adenauer und die Maxime der Besitzstandswahrung offensichtlich für ausreichend viele Menschen auch nicht attraktiver.

Und mit Sicherheit spielte auch Heimatverbundenheit eine große Rolle. So war es eben nicht nur der Thüringer, der seine Berge und Täler nicht verlassen wollte, sondern auch für den Köpenicker war es unvorstellbar, sein Dahme-Knie und den Müggelsee zu verlassen, um nach Steglitz zu ziehen. Aus Berlin wegzuziehen, war für die meisten ohnehin unvorstellbar.

Wie auch immer, durch die Teilung entstand »Berlin, Hauptstadt der DDR«, wie der offizielle Titel Ostberlins lautete. Auf jedem Straßenschild, in jedem Zeitungs-

* Damals gab es einen Witz, in dem Walter Ulbricht Mao Tse-Tung in China besucht. Die beiden spazieren durch Maos Garten und führen ein offenes Gespräch. »Und, Genosse Mao«, fragt Ulbricht den Großen Vorsitzenden. »Wie viele deiner Menschen sind gegen eure Politik?« Mao wiegt nachdenklich den Kopf, bevor er eine Antwort gibt. »Na ja, vielleicht so sechzehn, siebzehn Millionen.« Ulbricht nickt heftig mit dem Kopf. »Ach ja, genau wie bei uns.«

artikel und noch auf jedem Souvenirteddybär wurde es so geschrieben. Eher ließ man das Wort »Berlin« als den Zusatz »Hauptstadt der DDR« weg. Der Zusatz wurde deshalb so betont, weil der Hauptstadtstatus eigentlich gegen das Abkommen von Jalta verstieß. Der Ostberliner Bär schaute nach links. Der andere Teil der Stadt wurde »Westberlin« genannt. Es gab stets genügend Platz, den Namen auf den linken Teil des Stadtplans zu drucken, denn Westberlin war dort nur als geografisches Ödland, ohne Straßen, Bahnlinien oder Flughäfen verzeichnet. Lediglich die Flussverläufe und die wenigen Erhebungen waren korrekt kartografiert. Ostberliner Entdecker hätten auf die Idee kommen können, dass vor ihrer Haustür noch weiße Flecken auf der Landkarte existierten, aber entsprechende Forschungsexpeditionen waren spätestens nach dem Bau der Mauer lebensgefährlich.

»Westberlin«, es wurde immer betont, dass dieses Gebilde überhaupt nichts mit der BRD zu tun hatte. Die SED wollte Westberlin zu einem eigenen Staat aufwerten, man sprach immer von der »Drei-Staaten-Lösung« des deutschen Problems. So wurden bei Dokumentarfilmvorführungen in der Akademie der Künste stets »Filme aus 23 Ländern und Westberlin« gezeigt. Im Stillen bestand vielleicht die Hoffnung, dass man durch diesen Sprachgebrauch irgendwann vergessen würde, dass Westberlin Teil der selben Stadt war, so wie man vergessen hat, dass das namensgebende York von New York ein kleines nordenglisches Städtchen ist.

Aber es klappte nie. Die Hauptstadtbewohner sprachen von Ostberlin, wenn sie sich meinten, und vom Westen, wenn sie träumten.

Die Verhältnisse in Ostberlin waren immer etwas anders als im Rest der Republik – und zwar besser. Einerseits residierten hier Regierung der DDR und Parteiführung der SED. Man wollte nicht, dass die Bonzen sich nach ihren anstrengenden, mehrstündigen Reden über den nahenden weltweiten Sieg des Sozialismus und die Prosperität der Bürger durch abbruchreife Häuserzeilen ins heimatliche Wandlitz bei Berlin fahren mussten. Also wurde mehr saniert, renoviert und gebaut als anderswo. Außerdem wusste man um das historisch immer relativ unverblümte Schandmaul der Berliner, das für die aktuellen politischen Verhältnisse stets nur wenig Respekt hatte. Also lieferte man den Großteil der importierten Bananen, Autoersatzteile und Farbfernseher in die Ostberliner Geschäfte, damit die Leute Bananen aßen, statt zu meckern. So hatten sie genug Energie, um minutenlang an den roten Fußgängerampeln auszuharren, die per Hand auf rot geschaltet wurden, wenn Regierungsfahrzeuge passierten.

Und schließlich saßen in Ostberlin alle Korrespondenten, auch die der Feindsender. Ihnen sollte vorgegaukelt werden, wie schön der Sozialismus war. Die Korrespondenten der Freundesländer musste man nicht überzeugen. So schön wie in Ostberlin war der Sozialismus tatsächlich nirgendwo. Denn die DDR wurde als Grenzland zwischen den Systemen vom ganzen Ostblock materiell unterstützt und durch die große Nähe zum Westen und seinen Medien gab es auch politische Freiheitsgrade, die weiter östlich schwer vorstellbar waren.

Folglich wollten viele Ostdeutsche nach Ostberlin. Das war das beste Mittel gegen klaustrophobische Beklemmungen, sich in einem kleinen Land mitten in Europa eingesperrt zu fühlen.* Am schlimmsten war es nach den vorsichtigen politischen Öffnungen in Polen und den Botschaftsbesetzungen in der ČSSR. Damals konnten die Bürger der DDR in kein einziges Land der Welt ohne gültiges Visum reisen.** Aber Unter den Linden flanierten immer ein paar echte Ausländer entlang und mit etwas Geschick konnte man sich einen von ihnen anlachen und möglicherweise auf diese Weise sogar einmal legal und lebend das Land verlassen. Oder wenigstens konnte man davon träumen. In den Windschluchten der Neubaugebiete von Hoyerswerda war an so etwas nicht zu denken.

Besonders zu den hohen Feiertagen, also vor Weihnachten und den Parteitagen der SED, wenn die Läden wieder besonders gut gefüllt waren, kamen die Bewohner der ganzen DDR nach Berlin, um einzukaufen. Die Ladenbesitzer reagierten souverän, indem sie die wirklich attraktiven Waren für ihre Berliner Stammkundschaft unter den Ladentisch legten und den Sachsen und Fischköppen nur den alten Plunder verkauften. Trotzdem füllten die Besucher ihre Koffer und Kofferräume und erzählten zu Hause der staunenden Dorfbevölkerung von ihrer Reise in das sagenumwobene Schlaraf-

* Ein natürlich hochgradig illegales Schmählied, das seit den siebziger Jahren kursierte, beschrieb diesen Umstand folgendermaßen: »Tausend Meter im Quadrat, Minenfeld und Stacheldraht. Jetzt wisst ihr, wo ich wohne: Ich wohne in der Zone.«

** Ein Freund von mir stellte damals einen »Antrag auf Ausreise aus der Deutschen Demokratischen Republik«. Er schrieb in seiner Begründung, dass er nicht so lange warten wolle, bis er »auch noch für eine Reise nach Dresden einen Visumsantrag« stellen müsse.

fenland namens Berlin. Das Ganze trug nicht gerade zur Klimaverbesserung bei und wenn man mit einem Berliner Nummernschild in Sachsen parkte, konnte es passieren, dass alle vier Reifen am nächsten Morgen plötzlich unerklärliche Löcher hatten.

Und doch ging das Konzept der Regierung nicht auf. Die Ostberliner erwiesen sich als echte Berliner, blieben weiter unzufrieden, saßen an den Kneipentischen und meckerten über den »Scheiß Osten«. Man sah die vielen Touristen aus dem Westen, man konnte in den »Intershops« die bunte Warenwelt des Westens bestaunen und hatte zum Vergleich die grauen Papiertüten im Konsum. Noch für den Besuch einer Müllkippe für Abfall aus dem Westen musste man das Aufsichtspersonal bestechen. Dann wühlten die Ostberliner ehrfurchtsvoll in den Westberliner Exkrementen und konnten sich kaum vorstellen, was das für eine herrliche Welt war, aus der noch der Abfall schöner war, als das, was es in den eigenen Läden für Geld zu kaufen gab. Bei allem politischen Gerede unterschätze man nicht die Macht des Neides. Man träumte vom Goldenen Westen, in dem es Jeanshosen, Walkmans und Freiheit gab.

Die Enttäuschung nach dem Mauerfall hätte nicht größer sein können. Anfangs lief es noch gut. Für eine Wartezeit, in der man sonst höchstens ein Kilo Orangen bekommen hätte, bekam jeder Ostberliner 100 DM und durfte damit machen, was er wollte. Die Betriebe wurden geschlossen, statt eines lächerlichen Ostmark-Lohns wurde die Arbeitslosenhilfe in West ausgezahlt, und man durfte dafür sogar zu Hause bleiben, musste nicht jeden Morgen aufstehen und an lächerlich veralteten Maschinen Ausschuss produzieren. Das war gut, denn die Ostberliner brauchten ja die Zeit, um kostenlos mit der BVG durch den neu hinzugewonnenen Teil der Stadt zu fahren. Kam ein Kontrolleur, zeigte man einfach den Ostausweis vor. Und wer unbedingt Arbeit haben wollte, der bekam auch welche. Alsbald wurde mit Westautos durch die Gegend gefahren. Die noch im Osten einen Golf gekauft hatten, schauten neiderfüllt den neuen Audis hinterher. In die Häuser wurden ordentliche Heizungen eingebaut, es mussten keine Kohlen mehr geschleppt werden, und die Stadt stank nicht mehr so nach Hausbrand. Die Kinder konnten alle Abitur machen, schrieben sich für ein Studium ein und lernten dann, kenntnisreich zu kiffen. Dafür bekamen sie BAföG, auch sie hatten es geschafft. Na gut, alle sollten weiter zur Armee, aber neun Monate lang einen Schonposten mit Wochenendurlaub, Bundeswehrbeauftragtem, weiblichen Mitsoldaten und Westpanzern, wen sollte das schon schrecken?

Doch letztendlich sah man, dass Westberlin auch nicht besser war als der Rest der Stadt. Auch in den Geschäften dort feilten sich gelangweilte Verkäuferinnen die Fingernägel und riefen einem das gelangweilte »Ham wa nich« zwischen den kaugummikauenden Zähnen entgegen. Wirklich gute Ware war auch dort schwer zu bekommen und teuer.

Wann ist es schiefgelaufen, was ist passiert? Mir scheint, als wären plötzlich alle in einen Albtraum hinein aufgewacht. Vielleicht ging es mit den Preiserhöhungen der BVG los, oder war es, als die Döner plötzlich doppelt so viel kosteten? Hätten wir uns früher gegen die Zeichen wehren sollen, vielleicht dafür sorgen sollen, dass die Touristen den verpackten Reichstag gleich im Ganzen mitnehmen? Nicht nur der Eintritt für den Zoo am Kurfürstendamm kostete plötzlich 9 Euro, sondern auch für den Tierpark in Lichtenberg. Wer ein bisschen zu lange studierte, bekam kein Geld mehr, wer viel zu lange studierte, musste sogar Geld dafür bezahlen. Es entstanden Sondereinsatzkommandos gegen Schwarzarbeit, in den Taxis sollten elektronische Kissen die Fahrgastzahlen überprüfen, und die Restaurants blieben leer. Es gab keine Arbeitslosenhilfe mehr, nur noch die Sozialhilfe, die Arbeitslosengeld hieß. Und wenn man arbeiten ging, dann nicht die ersehnten fünfunddreißig, sondern vierzig Stunden lang, so wie im Osten.

Dafür war keiner auf die Straße gegangen, dafür hätte sich noch nicht einmal jemand auf der Toilette eingesperrt. Wir wollten das Westberlin aus dem Fernsehen, wir wollten Punk und Freibier, wir wollten eine armeefreie Zone, wir wollten gute Musik zu jeder Zeit, leckere Joghurts für wenig Geld, Berlin-Zulage, kostenlose Werbegeschenke an jeder Ecke und nicht diese triste Realität.

Restberlin

Nach Abschluss aller Nachkriegsverhandlungen wollte die Sowjetunion 1948 gemäß dem Vertrag von Jalta die westlichen Teile Berlins wiederhaben. Die Stimmung der Westmächte hatte sich inzwischen aber sehr verändert, am prägnantesten sicher durch Winston Churchill zum Ausdruck gebracht, der öffentlich darüber nachdachte, ob man nicht »das falsche Schwein geschlachtet« habe. Also entschied man sich, den Vertrag zugunsten des höheren Guts der Freiheit zu brechen und sagte zweimal »No« und einmal »Non« zu den Russen. Die Sowjetarmee versuchte daraufhin von Juni 1948 bis zum Mai 1949 Westberlin die Versorgungsstränge abzuschneiden, was zur Einrichtung der berühmten Luftbrücke durch die Westalliierten führte. Im Minutentakt landeten Flugzeuge, die alles nach Tempelhof flogen, was die Bevölkerung brauchte. Schließlich gaben die Russen auf und in Westberlin knallten die Sektkorken. Diese Blockade war ein einschneidendes Ereignis und sollte zum Gründungsmythos von West-Berlin werden. Bis spät in die neunziger Jahre hinein würde man in riesigen Lagerhallen Konserven und Milchpulver einlagern, falls die Sowjetarmee noch einmal eine Blockade wagen würde, auch wenn zuletzt weder eine Sowjetarmee noch die Mauer überhaupt mehr existierten. Man konnte ja nie wissen.

Zu Weihnachten 1948 wurde im RIAS die Radiosendung »Der Club der Insulaner« zum ersten Mal ausgestrahlt, eine Art konservativer Kabarettsendung. Der Begriff »Insulaner« traf genau den Nerv der eingeschlossenen Westberliner, die im einzigen Ort der Welt ausharrten, von dem aus es in jede Himmelsrichtung nach Osten ging. Später wurden sie eingesperrt von einer Mauer, die sie offensichtlich beschützen sollte, denn die bewaffneten Wächter der Mauer drehten ihnen vertrauensselig die Rücken zu und schossen auf die anderen. Es war und blieb die klassische Situation des goldenen Käfigs. Der Begriff »Insulaner« blieb bestehen.

Berlin (West) nannte man sich, sah sich als Bundesland der BRD und nahm wie selbstverständlich an den Bundestagswahlen für Bonn teil, allerdings war man sicherlich das einzige Bundesland, in das russische Armeefahrzeuge problemlos ein- und ausreisen konnten. Der Bär der Westberliner schaute natürlich nach rechts, also in den Osten. Den anderen Teil der Stadt nannte man *Berlin (Ost)*, lange nachdem man es aufgegeben hatte, von dem umgebenden Land als der »Sowjetischen Besatzungszone« zu sprechen. Eine Ausnahme bildete lediglich die »Sozialistische Einheitspartei Westberlins« (SEW), eine hundertprozentige Tochter der ostdeutschen SED und die von ihrer Gründung 1961 bis 1969 sogar »SED in Westberlin« geheißen hatte. Ihr Zentralorgan, es hieß »Die Wahrheit« (russische Übersetzung: Prawda), hatte eine nominale Auflage von 20000. Davon wurden aber nur weniger als ein Viertel in Westberlin verkauft, die große Mehrzahl wurde in »sozialistischen Bruderstaaten«, sprich: der DDR, verteilt. Hier war sie heiß begehrt, was kaum an den interessanten politischen Thesen der »Wahrheit« lag. Wichtiger war, dass hier auch das West-Fernsehprogramm abgedruckt war.

So wie es sich die DDR zur Aufgabe gemacht hatte, Aushängeschild des Sozialismus zu sein, so machte es sich Westberlin zur Aufgabe, Aushängeschild und Speerspitze des Kapitalismus zu sein. Der Unterschied zwischen beiden Systemen bestand darin, dass eine große Fraktion von Westberlinern sich an dieser Aufgabe beteiligte, während die DDR-Regierung sich ohne wesentliche Beteiligung ihrer Bürger bemühte. Die Westberliner Radiosender strahlten mit riesigen Antennenanlagen ihre UKW-Programme in das gesamte Gebiet der DDR. Beim »Klingenden Sonntagsrätsel«, einer musikalischen Ratesendung des RIAS mit Hans Rosenthal, wurde jeden Sonntag eine andere Tarnadresse verkündet, an die Zuhörer aus dem Osten das Lösungswort schicken konnten. Regelmäßig verkündete dann auch das Hörerkind, dass mit seiner unschuldigen Hand die Gewinner ausloste und mit seiner glockenhellen Stimme dann über den Äther schickte: »Und hier wieder eine Zuschrift aus dem Osten.« »Ja«, raunte dann Hans Rosenthal. »Stichwort ist: Bartnelke. Herzlichen Glückwunsch!« Ja, mit einhundert D-Mark konnte man viele locken! Um zwölf Uhr mittags wurde immer das Geläut der Freiheitsglocke ausgestrahlt, über die ein Sprecher gebetsmühlenartig sagte: »Ich glaube an die Freiheit und an die Würde eines jeden Menschen.« Weil es *die* Volksbühne schon in Ostberlin gab, gründete man die Freie Volksbühne. Das war noch vor dem Mauerbau und darum schickte Ostberlin eine Delegation Schreihälse zur Eröffnung, die immer wieder riefen: »Nicht frei! Nicht frei!«

Westberlin wurde als sogenannte »Frontstadt« großzügig von der westdeutschen Regierung unterstützt. Weil es hier keine Bodenschätze und keine nennenswerte Industrie gab und ein wesentlicher Teil der Infrastruktur aus der Transitautobahn durch die DDR bestand, wurden Massen von Subventionen nach Westberlin gepumpt. Leider begünstigte diese Pumpbewegung warmen Wassers die Entstehung einer Art Sumpfgebiet. Es war nämlich so: bei der traditionell eher auf Sicherheit bedachten Beamtenschaft war eine Stelle im vom Feindesland umgebenen Westberlin nicht sehr begehrt. Also zahlte man die sogenannte Berlin-Zulage. Auch mancher Beamter, der sich in seinem Heimatort nicht sonderlich bewährt hatte, wurde nach Westberlin wegbefördert.

Auch Spitzenpolitiker saßen nicht gern in der Enklave, weit weg vom eigentlichen Entscheidungszentrum in Bonn. Also gab es immer wieder die eine oder andere Unzulänglichkeit, den einen oder anderen Skandal in der Westberliner Politik. Aber keiner wollte etwas sagen, weil es ja um Größeres ging.

Sogar noch den Müll konnte man für einen lächerlichen Betrag jenseits der Mauer entsorgen. Wenn plötzlich die Erde in Westberlin zu beben begonnen, sich entlang der Mauer ein Spalt aufgetan und langsam aber sicher die ganze Halbstadt abgehoben hätte und als Flugobjekt langsam ins All geflogen wäre, hätte das allerhöchstens leichte Verwunderung, vielleicht auch Verärgerung über die ein oder andere verschüttete Tasse Kaffee, sicherlich aber keine Angst oder Sorge in der Bevölkerung ausgelöst und am nächsten Morgen wäre die Schlagzeile der »BZ« gewesen: »Irre! Für 1,– DM mit der BVG durchs Weltall.«

Tragischerweise wirtschaftete man in Berlin nach dem Ende der DDR noch ein paar Jahre so weiter, als ob man auf einer Insel säße. Im Ergebnis verschuldete man die Stadt auf mehrere Generationen hinaus. Wenn es in anderen Gemeinden Begrüßungsgelder für neugeborene Mitbürger gibt, so kann Berlin damit locken, dass jedes kleine Kind rechnerisch sofort mit einigen tausend Euro Schulden belastet ist.

In den sechziger Jahren war eine explosive Mischung in der Stadt entstanden. Einerseits gab es die alteingesessenen »Insulaner«, konservativ geprägte, alteingesessene Westberliner, die politisch vom Schrecken der Blockade geprägt waren. Andererseits waren im Lauf der Jahre unzählige junge, eher linke Menschen nach Westberlin gezogen. Besonders Wehrdienstverweigerer wurden natürlich von der Stadt angezogen, weil man hier aufgrund des alliierten Status nicht zur Armee einberufen werden durfte. Und viele dieser Menschen waren gekommen, um zu bleiben. Etliche Studenten verpassten aufgrund langer Nächte ihre morgendlichen Veranstaltungen in der Uni und verlängerten ihr Studium Semester um Semester. Spätestens wenn die Eltern oder das Bafög-Amt dann nicht mehr zahlen wollten, begann man zu jobben, was das weitere Studieren noch schwieriger machte. Es entwickelte sich eine ganze Schicht von Menschen, die sich irgendwo zwischen einem Studium befanden, das sie noch nicht ganz aufgegeben hatten und einem Beruf, den sie selbst nur als Übergang ansahen.* Dazwischen standen die vielen, vor allem aus der Türkei stammenden Ausländer, die von den »Insulanern« mit Misstrauen betrachtet und von den Studenten oft unkritisch geliebt wurden.

Gegen den Vietnamkrieg protestierten die linken und pazifistischen Studenten so lautstark wie in kaum einer anderen Stadt. Aber auch die Konterrevolution der »braven Bürger« war wohl nirgendwo so heftig und auch gewaltsam. Man fürchtete, die linkskommunistischen Studenten würden die Stadt, um die »wir während der Luftbrücke unter Hungersnot gekämpft haben«, an die Kommunisten verschenken wollen. Die Kritik an den USA wurde mit Entsetzen wahrgenommen. Die Amerikaner hatten für Westberlin die Freiheit definiert, geschaffen und verteidigt, Kritik an ihnen galt als nahezu gotteslästerlich. Kleinere Missverständnisse in Südostasien sollten die USA innenpolitisch klären, und es schien anmaßend, dass langhaarige deutsche Studenten daran Kritik übten. Im Gegensatz zu vielen anderen Städten, in denen sich die Lage schneller beruhigte, ging

* Bei einem Ferienjob am Anfang meines Studiums traf ich Klaus, der sich mir als Architekturstudent vorstellte. »Und, in welchem Semester studierst du?«, fragte ich ihn. »Im sechsundzwanzigsten«, entgegnete Klaus. Ich war voller Ehrfurcht, weil ich gerade mühsam zwei Semester absolviert hatte und mir kaum vorstellen konnte, über wie viel Wissen man erst nach sechsundzwanzig Semestern verfügen musste!

diese Auseinandersetzung noch lange weiter. Ende der Siebziger wurden die ersten Häuser besetzt, und die Tradition der revolutionären 1.-Mai-Demonstrationen entstand.

Die Westberliner Mischung von scheinbar absoluter Freiheit innerhalb einer Betonmauer, von Stadt ohne Staat*, von linken Spinnern in einer konservativ geprägten Stadt, vom mondänen Kurfürstendamm, den man am besten vom drogenverseuchten Bahnhof Zoo erreichen konnte, diese Mischung war für Künstler aller Sparten von ungeheurer Anziehungskraft. Von hier kamen wichtige Impulse in Literatur, Kunst und natürlich der Musik. David Bowie, Iggy Pop und Brian Eno wohnten in Schöneberg, Günther Grass in Berlin-Friedenau, Josef Beuys stellte hier aus, »Die Einstürzenden Neubauten« erfanden die Begleitmusik zur Industrialisierung der Welt und eines der wichtigsten Zentren der »Neuen Deutschen Welle« war hier. Fast unnötig zu sagen, dass natürlich auch die neue Kunst des Graffiti nirgendwo besser gedeihen konnte als hier, wo die ganze Stadt von einer großen Mauer zum Üben durchzogen war.

Allen Westberlinern war gemeinsam, dass sie nur selten den Ostteil der Stadt besuchten. Der Eintritt nach Ostberlin war mit fünfundzwanzig D-Mark einfach zu teuer. Zwar erhielt man im Gegenzug fünfundzwanzig Ostmark, aber es fand sich weit breit keine Möglichkeit, das Ostgeld auszugeben. An der Grenze wurde man

* Auch in der westdeutschen Rechtsprechung wurde bis zur Wende diskutiert, ob West-Berlin nicht als *»besetztes und nicht handlungsfähiges Gebiet des Deutschen Reiches«* zu betrachten sei.

unhöflich behandelt und wenn man bis Mitternacht nicht wieder zurück war, musste man noch mal fünfundzwanzig Mark bezahlen.

Nach dem Fall der Mauer hätte die Enttäuschung nicht größer sein können. Die Ostberliner, für deren Befreiung man jahrzehntelang gekämpft hatte, erwiesen sich als gewöhnliche, allenfalls für ein paar Tage dankbare Meckerberliner, also die Sorte von Menschen, von denen man selbst schon genug hatte. Ihre Freiheit rissen sie einfach ungeduldig an sich und nahmen sie als selbstverständlich an, als ob die Westberliner nur die Garderobiere gewesen wären und nicht die tapferen Befreiungssoldaten im Kampf der Systeme.

Schon nach wenigen Jahren drehten sich die Westberliner um und mussten entsetzt feststellen: »Die haben uns unser schönes Westberlin kaputt gemacht.« Zwar gab es keine einzige Zeitungsmeldung über den Fall des Nollendorfplatzes oder die Zerstörung der Drakestraße. Aber im Grunde hatten sie recht. Unser schönes Westberlin, das waren Riesendöner für zwei Mark mit Soße und ohne Bundeswehr. Unser schönes Westberlin, das waren Billigwohnungen in der Friedrichstraße in Mauernähe. Und wenn sich die verschiedenen Bevölkerungsgruppen früher mal gestritten hatten, dann konnte man einander an den Kopf werfen, doch lieber nach drüben zu gehen, wobei das jeder ein bisschen anders verstanden haben wollte.

Bei der Abstimmung über den Flughafen Tempelhof wurde es offenbar. Während mehr als achtzig Prozent der Flughafenbefürworter aus den Westbezirken kamen, befürworteten die Ostberliner mehrheitlich dessen

Schließung. Für die Ostberliner war es nur ein kleiner Flughafen für Reiche. Aber für viele Westberliner war es kaum vorstellbar, diesen lebenspendenden Ort der Geschichte zu schließen.

Das kuschelige Feuchtbiotop, in dem man sich eingerichtet hatte, war plötzlich durch den Einstrom von frischer Luft zerstört worden. Früher selbstverständliche Subventionen wurden ein rares Gut, woraufhin die Industrie postwendend in Orte mit besserer Infrastruktur oder billigeren Arbeitskräften abwanderte. Die Politiker sollten plötzlich eine nachvollziehbare Haushaltspolitik machen und niemand wollte mehr für eventuelle Defizite einspringen. Die Zeitungen mussten vollkommen verdutzt über den Rand der Mauer hinaus schauen. Als dann noch der berühmte *Bahnhof Zoo* zu einem Regionalbahnhof heruntergestuft wurde, waren die Flitterwochen endgültig vorbei. Irgendwann schien alles zerbrochen zu sein, ohne dass jemand auch nur das Klirrgeräusch gehört hatte.

Exemplarisch sei der Charlottenburger Savignyplatz genannt, wo sich an lauen Sommerabenden einst *tout Westberlin* traf. Man speiste in »seinem« Griechen oder Italiener, nahm einen Chianti zu sich und zeigte heimlich auf die Nachbartische, an denen Berliner Prominenz saß. Gab es etwas Geschäftliches zu regeln, stand man auf, verneigte sich höflich ein paar Tische weiter und besprach, was man besprechen musste. Nach dem Mauerfall strömten plötzlich Millionen von Touristen zum Savignyplatz, der noch in jedem Reiseführer als »Geheimtipp für unverwechselbares Lokalkolorit« Erwähnung fand. An den Tischen drängelten sich jetzt

Amerikaner, Italiener, Engländer sowie Sachsen, Anhaltiner und Ostberliner. Die alten Westberliner bekamen trotz älterer Rechte mitunter nicht mal mehr einen Sitzplatz und wenn, dann kannte man niemanden mehr. Statt des früher üblichen milde gelangweilten Parlando, das selten lauter war als das Rauschen der Akazien des Savignyplatzes, war der Platz nun von einem polyphonen Geschnatter erfüllt, in dem man sein eigenes Wohlstandsgesäusel nicht mehr hören konnte. Bald schon zog man sich über die Restaurants der Nebenstraßen wieder in seine Häuser zurück. So schön wie vor dem Mauerfall, darüber war man sich einig, würde der Savignyplatz nie wieder werden.

Den Ostberlinern tat das alles unendlich leid. Auch sie hatten das schöne Westberlin gewollt, das vor ihren Augen verschwand. Die Mauer hatte die Freundschaft beider Berliner Stadt-Teile viele Jahre lang nur vertiefen können, man kann nur hoffen, dass die Abwesenheit der Mauer diese Freundschaft jetzt nicht zu Ende gehen lässt.

Sportliches Spree-Athen

Wenn ich mich zum Thema Sport äußere, so tue ich dies vor allem der Vollständigkeit halber. Ich war immer ein sportlich »anders begabter« Mensch. Während meine Klassenkameraden beim Schlagballweitwurf ihre Wurfgeräte gen Himmel schickten, wo das Kautschuk am Zenit der Wurfbahn auf Grund der großen Nähe zur Sonne gleich den Flügeln des Ikarus zu schmelzen begann, und wir die Schlagbälle später irgendwo in den Büschen der Nachbarschaft fanden, kam, wenn ich mit meinem Wurf an der Reihe war, der Schüler mit dem Maßband eiligen Schrittes zum Ausgangspunkt gelaufen, während er das notwendige Metermaß für die Noten eins bis vier eilig aufkurbelte. Bekam ich das Signal zur Freigabe, rannte ich verzweifelt in Richtung des Nullpunkts und schleuderte dann meinen Schlagball nahezu senkrecht nach unten in den grauen Sand unseres Schulsportplatzes. Von »Schlagballweitwurf« konnte bei mir wirklich keine Rede sein. Es ist also kein Wunder, dass mein Verhältnis zum Sport immer sehr zwiespältig und von Randständigkeit war. Für mich war und blieb es kaum vorstellbar, wie man besonders aus eigener, aber auch aus fremder Leute Leibesertüchtigung ein Vergnügen ziehen kann. Und doch kann einem Berliner der Sport nicht ganz gleichgültig sein.

Eines kann man mit Sicherheit sagen: Es gibt nicht *den* Verein für diese Stadt, aber welchen Leser wird das zum jetzigen Zeitpunkt schon noch überraschen? Zwar gibt es in Berlin Vereine für alle möglichen Sportarten, trotzdem dominiert wie überall in Deutschland der Fußball die Szene. Die beiden Ostberliner Lokalrivalen waren der BFC und Union. Die Vereinsfarben beider Clubs waren rot und weiß, allerdings hatten die einen eher einen ziegelroten und die anderen einen weinroten Farbton. Besonders im Umfeld eines Berliner Derbys war es für den Unkundigen gefährlich, überhaupt rote Kleidung zu tragen. Eine zeitgenössische Karikatur beschrieb das Problem auf gelungene Weise: Ein Mann droht in der Spree zu ertrinken und winkt verzweifelt um Hilfe. Ein Passant steht auf einer Brücke, den Rettungsring in der Hand und ruft zum Ertrinkenden hinunter: »Union oder BFC?« Diese Frage konnte einem auch in tiefster Nacht in der S-Bahn von einer größeren Gruppe vollalkoholisierter Jugendlicher gestellt werden, die Art von Jugendlichen, die auch gut einen Schlagball weit werfen konnten. Es bot sich an, wenigstens zu wissen, wer das Weinrot und wer das Ziegelrot bevorzugte und am Besten noch einen der Schmähgesänge gegen den anderen Club zu kennen, wenn man im Vollbesitz seiner Zähne den Heimweg antreten wollte.

Der Berliner Fußballclub Dynamo war zu Hause im Friedrich-Ludwig-Jahn-Sportpark und der Lieblingsclub von Erich Mielke und unter anderem deshalb Dauersieger der ostdeutschen Oberliga. Notfalls wurde so lange gespielt, bis der BFC gewonnen hatte und ein Leipziger Stadionsprecher soll einmal entlassen worden sein, weil er zu Beginn eines Spieles des 1. FC Lokomotive Leipzig gegen den Berliner Rekordmeister: »Hier kommt der BFC mit seinem Schiedsrichtergespann« gesagt haben soll. Die Fans des BFC bestanden zu wesentlichen Bestandteilen aus Menschen, gegen die die Spieler in ihrem Hauptberuf eigentlich etwas hätten unternehmen müssen. In der DDR gab es nämlich keinen Profisport, weil das mit einer Binnenwährung wie der Ostmark sinnlos gewesen wäre. Also wurden die Leistungssportler alle als Amateure bezeichnet, die einen Arbeitsvertrag mit irgendeinem Betrieb in der Tasche hatten oder angeblich Sport »studierten«. Das konvenierte der DDR auf doppelte Weise, einerseits passte es zum eingebildeten Image des »Arbeiter- und Bauernstaates«, dass dort angeblich bolzende Arbeiter, Ingenieure und Studenten auf dem Platz standen, andererseits konnten so alle zu den olympischen Spielen fahren. In Wirklichkeit wurde hart trainiert und gnadenlos ausgewählt und, wie heute bekannt ist, machte mehr als ein Leistungssportler ein ganzes Chemiestudium am eigenen Leibe mit.

Die Spieler des BFC jedenfalls waren offiziell beim Ministerium des Inneren angestellt und firmierten also als hauptberufliche Polizisten oder Wachleute. Für einen guten Torschuss konnte man da schon mal vom Oberleutnant zum Hauptmann der Volkspolizei befördert werden. Der harte Fanblock bestand jedoch zu nicht unwesentlichen Teilen aus kahl geschorenen Hooligans, die internationale Vergleiche wirklich nicht zu scheuen brauchten. Sie brüsteten sich in den Sonderzügen mit dem Stasi-Image des Vereins und schlugen gern mal alles kurz und klein, unabhängig vom Spielverlauf, und nahmen den Kollegen in Uniform ihre Dienstmützen weg. Wirklich verstehen konnte man das nicht, aber die Fans schienen eine Menge Spaß zu haben.

Der 1. Fußballclub Union Berlin pflegte das Image des Underdogs. Zu seinen Fans zählten die Punks, Blues-Fans und Rocker. Nachdem der Verein jahrelang ohne offizielle Unterstützung sein Dasein gefristet hatte, nahm ihn die Freie Deutsche Jugend »Kampfreserve der Partei« in ihre festen Arme. Der Schlachtruf von Union war und ist »Eisern«. Die Fans trugen ziegelrot-weiße Schals und die Heimspiele fanden in der »Alten Försterei« statt, Unions Heimatstadion in Köpenick.

Fußball war in Ostberlin das beherrschende Thema. Gern ging man noch zum Eishockey, wo der Berliner Verein Dynamo niemals einen schlechteren als den zweiten Platz, meistens jedoch Rang eins in der höchsten ostdeutschen Spielklasse innehatte. Das hing damit zusammen, dass die ostdeutsche Eishockey-Liga aus genau zwei Vereinen bestand: Berlin und Weißwasser. Angeblich hing das damit zusammen, dass man für Eishockey so viel teures Westmaterial brauchte. Die Liga gab es überhaupt nur, um bei Weltmeisterschaften mitspielen zu dürfen. »Weißwasser-Scheißwasser, Scheißwasser raus!«, riefen die Fans empört von den Rängen, wenn eines der Spiele stattfand, und jedes Spiel war ja Meisterschaft. Wirkliche Höhepunkte waren nur

Gastspiele, wenn einer der zwei Moskauer Spitzenvereine Berlin oder Weißwasser als Sparringpartner gebrauchte und das Tor vollschoss oder gar ein kleines internationales Turnier. Die Nationalmannschaft der DDR, logischerweise hauptsächlich aus Berliner Spielern bestehend, schaffte ein paar mal die Qualifikation zur Weltmeisterschaft und brachte von dort sogar einige Male einen Titel mit. Und zwar den »Fair-Play-Pokal« für die Mannschaft mit den wenigsten Strafminuten.

Im ostdeutschen Handball war Magdeburg Favorit und im Volleyball Vereine von der Küste. Doch kommen wir langsam nach Westberlin, bevor wir auch im Sport die Vereinigung schaffen wollen. Der ohne Zweifel erfolgreichste Westberliner Sportverein war die Wasserballmannschaft der »Wasserfreunde Spandau«. Sie waren über Jahrzehnte das, was Michael Schumacher über Jahre für die Formel 1 war und die DDR im Bobsport, sie gewannen immer alles und waren immer der sichere Favorit. Die westdeutsche Nationalmannschaft im Wasserball kam im Prinzip aus Spandau. Doch das Problem des Wasserballs ist seine vollkommene Wertlosigkeit als Angebe- und Vorzeigesportart. Egal, wie vollkommen die Athleten sind, egal, welche Kunst es erfordert, für diesen Sport Körper und Geist in Einklang zu bringen, egal, wie viel Kraft und Geschick die Sportler aufbringen müssen, von den Zuschauerbänken sieht man nur ein paar Badekappen, die um einen Ball herumschwimmen. Wenn einer der Spieler kurz aufsteigt, um ein Tor zu werfen, ist man bestimmt gerade ein Bier holen oder eingeschlafen. Nicht einmal im Berliner Lokalfernsehen wurden selbst die wichtigsten Spiele der Wasserfreunde jemals komplett übertragen.

Wasserball macht nicht einmal was auf internationalem Niveau her, und der sporadische Zuschauer kann nicht einfach so mitreden. Damit war es als Lieblingssportart für Berlin nie wirklich geeignet.

Aber auch in Westberlin gab es Fußballclubs, einer stellte sogar einen bisher ungeschlagenen Bundesligarekord auf. In der Saison 1965 wurde Hertha BSC aus der Bundesliga ausgeschlossen, als bekannt wurde, dass der Verein Spieler mit Geld an die Spree gelockt hatte.* Der Deutsche Fußballbund wollte aber – wohl aus politischen Gründen – weiterhin einen (West-)Berliner Verein in der Bundesliga haben. Da Tennis Borussia (TeBe) gerade in der Aufstiegsrunde zur Bundesliga gescheitert war, fragte man den zweitplatzierten Spandauer SV, der aber ablehnte. Spandau wollte sich nicht bundesweit blamieren. So schlug die Stunde vom SC Tasmania 1900 Berlin, der 1965 / 66 die erfolgloseste Bundesliga-Saison aller Zeiten spielte, die er mit sieben bis heute unerreichten Bundesligarekorden (geringste Zahl an erzielten Toren: 15, höchste Zahl an Gegentoren: 108, wenigste Punkte: 8, wenigste Siege: 2, meiste Niederlagen: 28, geringste Zuschauerzahl eines Spiels: 827, 31 sieglose Spiele in Folge) und natürlich dem Abstieg beendete.

Bekannter und wichtiger waren und blieben Hertha und TeBe, wo immerhin Sepp Herberger ein paar Vorkriegsjahre lang spielte. Hertha hingegen, der nach einem Ausflugsdampfer benannte Traditionsverein, hatte sein erstes Heimatstadion genau dort, wo später der

* Die öffentliche Diskussion über eben diese Zahlungen führte dazu, dass solche Prämien erlaubt wurden. Der erste Schritt zur Kommerzialisierung der Bundesliga war getan.

Friedrich-Ludwig-Jahn-Sportpark des BFC stand, bevor Hertha 1904 in den Wedding umzog. Sowohl Hertha als auch TeBe waren einmal in der Bundesliga, Hertha kämpfte in der zweiten Liga jahrzehntelang um den Aufstieg, während TeBe in derselben Liga gegen den Abstieg oder der dritten Liga um den Aufstieg kämpfte. Westberliner Fußballfans waren leidgeprüfte Wesen, die man jeder alleinstehenden Frau bedenkenlos zur Hochzeit anempfehlen konnte, weil sie Treue offensichtlich ohne Einschränkung praktizierten. Die gegnerischen Mannschaften von außerhalb fuhren schnell mit dem Bus über die Transitstrecke, holten sich ihre Punkte und verließen dann lachend die Stadt. Um wenigstens einen Hauch von Fußballfieber zu haben, hassten sich die lila gewandeten TeBe-Fans und die blau-weißen Herthaner. Während Hertha für den proletarischen Wedding und Nordwestberlin stand, fühlten sich die TeBe-Fans eher als die vornehmeren Freunde der Körperertüchtigung.

In der »Süddeutschen Zeitung« fragte einmal ein Leser, warum die besten Handball- oder Volleyballmannschaften häufig aus kleineren Städten wie Gummersbach oder Leinfelden-Echterdingen kommen. Die Expertenantwort lautete, dass große Städte wie München oder Hamburg sich auf ihre Fußballvereine konzentrieren, während in kleineren Städten eher Begeisterung und damit auch Erfolg für randständigere Sportarten zu erzielen sei. Und irgendwie klappt es mit dem Berliner Fußball auch seit Jahren nicht richtig. Nach der Wiedervereinigung Berlins stiegen zunächst die basketballspielenden Albatrosse von Alba Berlin senkrecht in den Himmel des erfolgreichen Berliner Mannschaftssports. Die Freude war zunächst groß und tröstete vielleicht den einen oder anderen Fan der Ostberliner Fußballclubs über deren schnellen Marsch aus den luftigeren Etagen der Ligen in den Souterrain- und Kellerbereich.

Doch es war der vorerst endgültige Aufstieg von Hertha BSC in die erste Bundesliga, der endlich das immer ausreichend vorhandene Selbstbewusstsein der Berliner Sportfans beinahe mit der notwendigen Substanz erfüllte. Daher sehen sie nun die Fans der Spitzenmannschaften als ihre Gegner und lassen TeBe in Ruhe, die nach der Vereinigung manchmal gegen den BFC, manchmal gegen Union spielen. Unabhängig davon wie Hertha spielt, und Hertha war immer gut für besonders katastrophale Bundesligaspiele, spekulieren die Fans über die drohende Meisterschaft. Nur wenn die Mannschaft kurz vor dem Abstieg steht, hofft man auf einen UEFA-Cup-Platz. Aber spätestens am Saisonende dreht sich der Wind. Wenn es die ganze Saison über schlecht lief, dann werden noch in letzter Minute die überlebensnotwendigen Punkte geholt. Wenn es monatelang gut lief, wird Hertha übermütig und macht Riesenpatzer, um ja nicht zu weit vorn zu landen. Und wenn es einmal gar zu gut läuft, wird plötzlich grundlos der Trainer ausgewechselt. Und immer noch oft genug fahren die Mannschaftsbusse der anderen Vereine über die ehemalige Transitautobahn und holen sich Punkte.

»Weißt du, wie Hertha noch ganz nach oben in der Tabelle kommen kann?«, ist eine beliebte Frage zum Saisonende. »Indem man die Sportseite umdreht.« Deshalb traut sich kaum einer, so richtig zuzugeben, dass er Hertha gut findet. Trotzdem darf sich natürlich kein Auswärtiger abschätzig über den Verein äußern, dann kann es ganz schnell ungemütlich werden.

Zu den Ostberliner Fußballclubs gehen nun nur noch die wirklichen Fans. Der Eintritt ist billig, und man kann sich sicher sein, dass niemand nur wegen des Erfolges, der vielen Fernsehkameras oder der Werbung im Stadion ist. Die Fans des BFC vermuten hinter ihrem kometenhaften Abstieg einen politisch motivierten Schiedsrichterskandal. Wie sonst kann es sein, dass eine Mannschaft mit Dutzenden von Pokalsiegen und Meisterschaften sich plötzlich in der fünften Liga wiederfindet? Sogar ihr altes Heimatstadion wurde ihnen genommen. Die Fans von Union freuen sich darüber, endlich einmal vor dem BFC zu sein, träumen aber heimlich auch immer wieder von einem rot-weiß, weinrot-weißen Derby in Berlin. Die Fans vom BFC freuen sich darüber, dass die Stadtreinigung der Hauptsponsor von Union ist. Die Fans von Union freuen sich, dass eine Straßenbahn mit »Eisern Union« durch die BFC-Hochburg Hohenschönhausen fährt. Viele Ostberliner Fußballfans zittern auch gemeinsam mit Hansa Rostock oder irgendeinem anderen ostdeutschen Verein, den sie vorher gehasst haben, oder natürlich mit den Hamburgern von St. Pauli, aber die haben überall Fans.

Der einzig echte Trost für Ostberliner Sportfans ist der Eishockey-Verein, der sich unter dem Namen »Eisbären« sehr respektabel in der Bundesliga schlägt, wobei das Verb durchaus wörtlich zu nehmen ist. Der Fair-Play-Cup ist seit dem Ende der DDR nicht mehr auf deutschem Boden gesehen worden, und der Weltmeistertitel ist auch nicht dabei herausgesprungen.

Nicht unerwähnt dürfen die zahlreichen türkischen Sportvereine wie Türkiyemspor aus Kreuzberg oder der SV Yeşilyurt aus dem Wedding bleiben. Sie spielen sehr schönen Fußball, aber das ist meist ihr Problem. Für ein gutes Spiel riskieren sie auch mal eine Niederlage und haben damit in den Ligaspielen schlechte Karten gegen die deutschen Strategen, die sich nach einem frühen Tor auch gern mal zu elft ins Tor stellen. Spiele türkischer gegen deutsche Vereine sind leider oft Anlass für übelste verbalrassistische Exzesse, übrigens meist von beiden Seiten. Aber ernst zu nehmen ist das glücklicherweise nicht. Ein paar Stunden nach dem Spiel haben sich alle Berliner Fans wieder nahtlos in den bunten Eintopf der Kulturen eingefügt und essen einen Döner zu ihrem Schultheiß, während die amerikanische Zigarette im Ascher qualmt.

Ich selbst treibe keinen Sport, fahre aber immerhin täglich mit dem Fahrrad. Die einzige Sportart, in der ich mich ein wenig auskenne, ist Baseball, der in Berlin zwar auch gespielt wird, aber auf ganz kleiner Flamme. Schließlich wird jede noch so abwegige Sportart irgendwo in Berlin praktiziert. Von den Wasserfreunden habe ich übrigens ewig nichts mehr gehört oder gelesen, aber ich bin mir sicher, sie genießen die Begeisterung und Unterstützung aller Spandauer, und man bekommt mit Sicherheit immer einen Sitzplatz.

Dit soll Kunst sein

Von Josef Beuys wurde der Ausspruch berühmt: »Jeder ist ein Künstler.« Bis heute wird dieser Satz gelehrt diskutiert, als Manifest einer Bewegung gegen den Elitegedanken in der Kunst, als Appell zur Bewusstmachung kreativer Aspekte des Alltäglichen, als Provokation. Ich habe meine eigene Theorie von der Entstehungsgeschichte dieses Satzes. Man darf nicht vergessen, Beuys war oft beruflich unterwegs, gab Unterricht, bereitete Ausstellungen vor. Am Abend eines langen Tages wird er erschöpft in einer Kneipe nach der Rechnung verlangt haben, und der Kellner brachte dieselbe mit dem Angebot, dass der berühmte Herr Beuys ihm, dem Kellner, statt eines Trinkgeldes auch ein, zwei seiner großartigen Linolschnitte abkaufen könne. Beuys wird die sicherlich abscheulichen Linolschnitte betrachtet, ermattet seine Geldbörse gezogen, den freundlichen Kellner mit einem üppigen Trinkgeld ermutigt haben, seinen Irrweg als Künstler nicht weiterzuverfolgen, und das Lokal verlassen haben. Eingedenk eines langen Tages, an dem er bereits mehrere Proben talentloser Studenten hatte in Augenschein nehmen müssen, wird er mit einer nur durch Bier leicht gelockerten Mischung aus Verzweiflung und Resignation in sein Atelier gegangen sein, wo er das Licht anmachte und eine der leeren Staffeleien betrachtete. Und schließlich wird er, einem Seufzer gleich, den berühmten Satz auf die Staffelei gekritzelt und das Licht gelöscht haben, um sich zur wohlverdienten professoralen Ruhe zu begeben.

Ob Beuys gleich am nächsten Tag auf die Idee kam, daraus ein Manifest zu machen, oder *post hoc* die Deutung als Manifest akzeptierte, weil ihn sein Galerist am nächsten Tag besuchte, die Staffelei sah und »genial« rief, ist nicht überliefert. Aber die These, dass jeder ein Künstler ist, liegt nirgendwo so nah wie in Berlin, wo nämlich jeder ein Künstler ist. Und nicht einmal alle von ihnen sind schlecht.

Schon die Zahl der staatlichen Kunsthochschulen in der Stadt ist unendlich, unbekannt ist die Zahl privater Institutionen, wo man malen, zeichnen, schreiben, lesen, spielen und dergleichen mehr grundlegende Kulturtechniken erlernen kann. Unglücklicherweise kommt ausgerechnet das wichtige Rechnen dabei leider häufig zu kurz. Es ist schon deshalb unmöglich, die genaue Zahl dieser Institutionen zu benennen, weil sie einerseits häufig langfristig nicht den notwendigen ökonomischen Erfolg haben, andererseits für eine Schauspielschule, die schließen muss, zwei Schauspielschulen und eine Schreibwerkstatt öffnen.

Die an diesen Instituten Ausgebildeten brauchen entsprechend Möglichkeiten, ihre neu erworbenen Fähigkeiten anzuwenden. Darum gibt es in der Stadt unzählige Spielstätten, Wohnzimmergalerien, Hallen, Clubs, literarische Salons und lyrische Hinterzimmer. Es ist von folgender Grundannahme auszugehen: Es gibt jeden Tag an irgendeinem Ort dieser Stadt alles, gewisse Einschränkungen gelten lediglich für den Heiligabend, wenn einige Bordelle geschlossen bleiben. Lange, bevor man losgeht, sollte man daher tief in sich gehen, um herauszufinden, wonach einem das kunstinteressierte Herz steht.

Mit aller gebotenen Vorsicht glaube ich, mich ein wenig in der literarischen Szene der Stadt auszukennen. Ich will sie daher als Beispiel anführen, jede andere Kunstsparte ist mindestens genauso gut in der Stadt ausgebildet. Die Graswurzeln der Berliner Literaturszene sind die mehreren Tausend unentdeckter Schriftsteller, die zu studieren vorgeben, Taxi fahren oder Teller spülen. Ein kleiner Teil dieser Schriftsteller ist in einem der Dutzenden von Schreibvereinen, die sich wöchentlich treffen, um gegenseitig ihre neu entstandenen Texte zu verreißen. Gelegentlich veranstalten diese Schreibvereine öffentliche Lesungen in Gemeindezentren oder kleinen Galerien, zu denen sich meist nur die Schreibenden und ihre engsten Freunde einfinden. Dann gibt es eine ganze Reihe von Lesungen, zu denen sich bezahlendes Publikum einfindet. So veranstalten die zahlreichen großen und kleinen Buchhandlungen normale Autorenlesungen für ihre Kunden. In allen Großstädten kennt man die Poetry Slams, bei denen das Programm zwischen Lyrik, Hip Hop und Prosa erst am Abend selbst entsteht und zum Schluss einer zum Gewinner gekürt wird. Wobei der Preis meist nur symbolischen

Charakter hat: Mal gibt es einen Bratapfeltopf, mal eine getrocknete Seegurke.

Im Grunde einmalig in Berlin sind die sogenannten Lesebühnen, von denen an jedem Wochentag mindestens eine stattfindet. Hier trifft sich ein fester Kreis von Schriftstellern, von denen jeder zwei neue Geschichten vorliest. Dazu werden regelmäßig Gäste eingeladen, die entweder selbst schreiben oder Lieder machen. Der Eintritt ist billig, die Atmosphäre ist locker, Publikum und Vortragende trinken Bier, Zwischenrufe gehören dazu. Oft wundern sich Leute von außerhalb, wie die Lesebühnen funktionieren können. Aber die Antwort ist einfach: Alle funktionieren so, dass sie in der Anfangszeit kein Geld verdienen und später verschwindend wenig. Doch mit ein wenig Glück erarbeitet man sich so ein Stammpublikum, das eine wöchentliche literarische Unterhaltung der allgegenwärtigen Verdummung durch das Fernsehen vorzieht.

Zudem gibt es in Berlin auch noch verschiedene literarische Institutionen, wie das Literarische Colloquium, die Literaturwerkstatt oder natürlich die Akademie der Künste mit zwei Standorten. Hier finden Lesungen in gediegenem Ambiente vor gelehrtem Publikum statt. Hier gibt es die Möglichkeit, mit den bedeutendsten Schriftstellern ferner Länder zu sprechen, die häufig unbekannt sind, weil sie nicht in einem der englischsprachigen Länder dieser Erde arbeiten.

Sie dachten, das war jetzt alles? Weit gefehlt. Die Höhepunkte des literarischen Jahres sind die verschiedenen Literaturfestivals. Einerseits gibt es verschiedene Nachwuchsfestivals, deren Preisträger meist einen Buchvertrag als tatsächlichen Hauptgewinn davontragen. Dann gibt es nach letzter Zählung drei internationale Literaturfestivals, zu denen sich auch Bestsellerautoren in der Stadt einfinden. Und schließlich gibt es Einzellesungen von Top-Autoren, die in riesigen Konzertsälen oder auf Freiluftbühnen stattfinden.

Also was darf es heute sein? Eine staatstragende Lesung oder eine anarchistische Oper? Will man im Staatstheater Boulevard sehen oder im Boulevardtheater Shakespeare? Will man philharmonische Klänge von Weltrang in einer Konzerthalle mit weltberühmter Akustik hören? Will man mit Schlamm oder mit Punkmusik oder mit beidem beworfen werden und wenn ja, in welchem Stadtbezirk? Will man lachen oder ins Kabarett? Will man nackte Beine sehen und wenn ja, sollen diese von Männern oder von Frauen sein, und wenn man sich entschieden hat, sollen diese Männer (oder Frauen) Männer- oder Frauenkleider tragen? Ist einem kreativ zumute? Will man dann mit einem eigenen Text einen Poetry-Slam gewinnen, mit einem eigenen Instrument irgendwo mitjazzen, oder reicht einem ein Kurs in balinesischer Kochkunst? Oder will man ins Kino gehen? Dann sollte man wissen, ob man den Film zweidimensional oder dreidimensional und mit oder ohne Dufterlebnisse sehen möchte, ob und wieviele der Schauspieler im Film sterben und wieviele miteinander schlafen sollten und in welcher Reihenfolge, ob man hinterher oder währenddessen mit allen anderen Zuschauern über den Film diskutieren möchte, ob man während der Vorstellung rauchen will und ob man den Film im Original mit deutschen Untertiteln oder synchronisiert mit koreanischen Untertiteln sehen möchte.

So gibt es an jedem Abend ein solches Überangebot

an Lesungen, Konzerten, Vernissagen und Vorstellungen, dass es ohne Touristen gleich gar nicht gehen würde, weil an manchen Tagen nicht einmal die Zahl der überall kostenlos erscheinenden Freunde der Künstler eine erträgliche Besuchermenge produzieren würde.* Mit dem Berliner Kulturprogramm eines durchschnittlichen Tages kann der Jahreskulturkalender manch kleinerer Stadt wohl nicht mithalten. Es ist vollkommen sinnfrei zu fragen, ob eine bestimmte Art von Kultur an diesem Tag stattfindet, die einzig sinnvolle Frage ist, *wo* diese Art von Kultur an diesem Tag stattfindet. Die Programmzeitschriften sehen daher aus wie Telefonbücher, eng bedruckt auf schlechtem Papier. Bei dieser Konkurrenz freuen sich Künstler und Veranstalter über jeden Gast, besonders wenn er den Eintritt bezahlt. Künstler, die woanders ansehnliche Hallen füllen würden, begrüßen den Besucher an der Eingangstür mit Handschlag und bedanken sich, dass ausgerechnet er in den kleinen Club gekommen ist, wo sie heute Abend auftreten. Nur wenn man durchblicken lässt, ebenfalls Künstler zu sein, verfinstert sich der Blick und verschärft sich der Ton. Noch mehr Konkurrenz kann hier keiner gebrauchen.

Keinesfalls sollte man sich von sogenannten Geheimtipps beeinflussen lassen. Ohnehin ist es ein Widerspruch, dass ein Geheimtipp irgendwo veröffentlicht ist, er ist dann höchstens noch als Tipp zu bezeichnen. Außerdem stehen diese Tipps in Büchern, die ein paar Monate nach dem Schreiben gedruckt wurden und

* Kostenlose Freunde erscheinen übrigens am ehesten in Erwartung alkoholischer Freigetränke und verschwinden kurz nach ihnen.

noch ein paar Monate später erst gelesen werden. So lange überlebt in Berlin sowieso kein Tipp, sei er nun geheim oder nicht. Die verschiedenen Szenen sind beweglich und schnell. Man sollte sich also keinesfalls nach diesen angeblichen Geheimtipps richten, häufig werden ganze Busladungen von Touristen davor ausgekippt, die sich dann innerhalb des Geheimtipps gegenseitig ratlos anstarren. Es ist nicht einmal unbedingt erstrebenswert, in *dem* angesagten Club der Stadt zu sein, selbst wenn man es zufällig dorthin schaffen sollte. Es wird in jedem Fall zu voll sein, selten freundlich, nie billig, und man ist keinesfalls richtig angezogen. Sein kulturelles Ziel sollte man unabhängig von Tipps wählen. Wenn es einem gar nicht gefällt, kann man ja immer noch weiterziehen. Der Eintritt ist übrigens häufig verhandelbar. Wenn man zu dritt kommt, muss man vielleicht nur für zwei bezahlen, ab zwölf Leuten bekommt man eine CD kostenlos dazu, und ab zwanzig darf man sich vielleicht sogar ein Instrument oder einen Künstler seiner Wahl mit nach Hause nehmen. Aber man braucht Fingerspitzengefühl und Feingefühl beim Verhandeln, in manchen Clubs zum Beispiel bezahlen Studenten den doppelten Eintritt.

Das Hauptproblem der Berliner Kultur ist natürlich das Geld, beziehungsweise seine Abwesenheit. Als Berlin noch aus den zwei Teilen Frontstadt und Hauptstadt bestand, hat es dieses Problem noch nicht gegeben. Die im Wesentlichen staatlich gelenkte DDR-Kultur war gut subventioniert, weil man das schönste Schaufenster des Sozialismus in Richtung Westen sein wollte. Und auch nach Westberlin floss reichlich Geld, weil es die Bewohner der Oase der Freiheit inmitten von Diktatur so schön wie möglich haben sollten. Nach der Wende fielen beide Gründe weg und damit auch bald das Geld. Dazu kam noch, dass der damalige Berliner Senat über Jahre nicht registrierte, dass es diese Sonderförderung nicht mehr gab, und hemmungslos mit beiden Händen Geld ausgab, das er nie bekommen hatte. Irgendwann reichte es dann nicht einmal mehr, den Fuß vom Gaspedal zu nehmen, es musste kräftig auf die Bremse getreten werden. Und der Bremsweg ist lang. Überall wird inzwischen gekürzt, fusioniert und rationalisiert auf Teufel komm raus. Es geht nur noch darum, wem noch mehr weggenommen wird, welche Oper geschlossen werden soll, welches Institut nicht mehr zu halten ist. Ein Problem hat die Politik dabei noch nicht bedacht: Wenn man den Berliner Kulturetat irgendwann erfolgreich auf die Höhe des Kulturetats von Kleinkleckersdorf eingeschmolzen hat, sollte man sich nicht wundern, dass die Besucherzahlen in der Stadt sich ebenfalls denen von Kleinkleckersdorf annähern werden.

Die Einzigen, die in Berlin mit Kunst noch Geld verdienen, sind die Betreiber von Künstlerbedarfsläden oder Kunstschulen. Alle anderen haben entweder noch einen richtigen Beruf wie Kellner oder Taxifahrer, oder sie treffen sich regelmäßig mit anderen Kreativen auf dem Arbeitsamt.*

Nach außen hin ist Berlin für seine kulturellen Großereignisse bekannt, ob sie nun Silvesterfeier am Brandenburger Tor oder Echo-Verleihung heißen. Es ist schwer, die abgebrühten Hauptstädter für irgendetwas

* Was sagt ein Musiker mit Arbeit zu einem Musiker ohne Arbeit? »Soll da Ketchup oder Senf drauf?«

zu begeistern, am ehesten gelingt das vielleicht noch der Berlinale, *dem* deutschen Filmfestival, wo Karten durchaus hochbegehrt sind. Die anderen Großereignisse werden in der Stadt selbst kaum wahrgenommen werden. Sie dienen der Hotelindustrie zum Füllen der Betten, die Berliner selbst nehmen diese Ereignisse kaum wahr. Zu Silvester staut sich der Verkehr in Mitte, anlässlich der Loveparade sah man ein paar mehr schrill angezogene Leute als sonst auf den Straßen, ansonsten zucken die Berliner nur mit den Achseln. Im Fall der in Berlin erfundenen Loveparade führte diese Nichtbeachtung dazu, dass die Veranstaltung ins Ruhrgebiet abzog.

Im Übrigen zählen seit einigen Jahren wohl auch die Festspiele am 1. Mai zu dieser Art von Touristenattraktion. Wohlstandskinder aus dem ganzen Land reisen mit selbstgebastelten Molotow-Cocktails nach Kreuzberg, und weil es dort keine Randale gibt, machen sie sich die auch noch selbst. Die Berliner Polizei nutzt die Gelegenheit, Kollegen aus dem ganzen Land zur Unterstützung einzuladen, und mit etwas Glück stehen dann frustrierte westfälische Jugendliche frustrierten westfälischen Polizisten auf dem Oranienplatz gegenüber. Die meisten Kreuzberger sind diesen Zirkus ziemlich leid und wünschten, die betreffenden Paarungen würden sich gleich in Bielefeld auf dem Bahnhof kloppen und dann zu Hause bleiben.

Insgesamt nutzen die Berliner das kulturelle Angebot der Stadt sehr selten. Eigentlich gehen sie nur notgedrungen in die Museen und Theater, wenn dem Besuch von außerhalb die Eckkneipe und der nächstgelegene Stadtpark nicht ausreichen. Aus unerfindlichen Gründen gehen die Berliner viel lieber zu Ereignissen, die auch in jeder Kleinstadt stattfinden könnten. So bekommt man in der Stadt eigentlich jederzeit Opernkarten, aber wenn mal ein neuer S-Bahnhof mit Blasmusik, Wurst und womöglich noch Freibier eingeweiht wird, dann findet man keinen Stehplatz mehr. In der Wendezeit war es so, dass der Regierende Bürgermeister Momper (West) und der Oberbürgermeister Schwierzina (Ost) eigentlich ihre kecken Eisenbahnermützen, die Eisenbahnerkelle und die Trillerpfeife kaum noch abzulegen schienen, weil sie auf einer Bahnhofseröffnung nach der anderen posierten.* Und obwohl es schon jetzt an jeder Ecke ein Einkaufszentrum gibt, drängen sich doch pünktlich zu jeder Eröffnung wieder Menschentrauben an den Einkaufstüren, um mit der Öffnung der Türen loszustürmen und dann überrascht wahrzunehmen, dass es auch in diesem Einkaufszentrum weder ein funktionierendes Perpetuum mobile noch eine echte Zeitmaschine zu kaufen gibt. Doch die Rentnerinnen scheinen sich auch schon sehr über die kostenlosen Luftballons zu freuen.

Äußerst beliebt sind auch die sogenannten *langen Nächte*. Diese gibt es in den Sparten Museum, Wissenschaft, Tanzmusik, Akademie, Lyrik, Bücher und so weiter. Die Besucher werden mit Bussen zu den teilnehmenden Institutionen gefahren und verbringen dort jeweils ein paar desinteressierte Minuten, es sei denn, es gibt Freibier und Blasmusik, in welchem Fall man länger bleibt. Anlässlich solcher Veranstaltungen lesen dann

* Man munkelt sogar, dass Momper auf die Art seinen Ostberliner Gegenpart losgeworden sein soll, indem er ihn einfach auf einem Bahnhof stehen ließ, wo Schwierzina bis heute arbeitet.

Lyriker zwischen Bratwurstbuden und Bierzelten aus ihren Werken dem vorbeieilenden Publikum sowie den auf Bier und Wurst Wartenden vor. Oder ein berenteter Lagerfacharbeiter aus dem Wedding steht nachts um zwei neben einem Teilchenbeschleuniger und verlangt, vom dem neben ihm stehenden Physikprofessor für sein Geld unterhalten zu werden.

Vielleicht ist es schiere Überforderung, eine Kapitulation vor der Vielfalt der Möglichkeiten, welche die Berliner dazu treibt, sich vor allem solchen provinziellen Vergnügungen hinzugeben, ähnlich dem Tier, das sich in einer ausweglosen Situation plötzlich zu putzen anfängt. Vielleicht ist es aber auch nur der Wunsch nach ein bisschen dörflicher Geborgenheit in diesem Millionenmoloch.

Hier stinkt's, hier gefällt's mir, hier bleib ich

Die Menschen aus Köln, aus München, aus New York und aus Tokio schauen neidisch auf diese Stadt*. In Berlin kann man für erträgliches Geld in einer erträglichen Wohnung wohnen, für viel Geld kann man in ganz viel Wohnung wohnen, und je weiter man in die Peripherie geht, desto mehr tun dies auch die Mieten. Die urbanen Mythen der Hauptstadt ranken sich nicht wie in anderen Großstädten um jemanden, der für fünfhundert Euro eine Zwei-Zimmer-Wohnung in Spitzenlage bewohnt. Das ist auf dem Berliner Wohnungsmarkt eher die Regel als die Ausnahme. Nein, in Berlin beeindruckt man sich gegenseitig mit Erzählungen von Menschen, die eine 380 Quadratmeter-Wohnung in Mitte

* Nach Ernst Reuter, legendärer ehemaliger Oberbürgermeister der Westsektoren Berlins: »Ihr Völker der Welt. Ihr Völker in Amerika, in England, in Frankreich, in Italien! Schaut auf diese Stadt…« (9.9.1948)

ihr Eigentum nennen, von Mietern mit einem gültigen DDR-Mietvertrag, die ihre Miete angeblich immer noch in Mark der DDR bezahlen oder von Studenten, die sich gerade in ihrer Bude ein Billardzimmer mit einem Snookertisch einrichten; in originaler Turniergröße; gleich neben dem Esszimmer, auf halben Weg zum Ankleidezimmer.

Wer sich in Berlin als Immobilienmakler zu erkennen gibt, sollte sich nicht über die Frage wundern: »Und, kann man davon leben?« Denn es ist nicht so wie in anderen Metropolen, wo ein Mangel verwaltet wird und ein Immobilienmakler darum allein auf der Basis von Bedarf und Frechheit sein Dasein fristen kann. Irgendeine eigene Geschäftsidee muss man hier schon haben, denn eine überteuerte, kleine Wohnung in schlechter Lage, wie sie sonst das Hauptgeschäft dieser Branche ausmacht, findet in Berlin auch noch das blindeste Huhn.

Auf den ersten Blick ist es unverständlich, wie so eine Situation entstehen konnte. In Ostberlin gab es keine Wohnungen, weil sehr viele Menschen dorthin ziehen wollten: Die Versorgungslage war besser, was sowohl Nahrungsmittel als auch alle anderen Bedürfnisse des Menschen betraf. In Berlin gab es die besten Kinos, die besten Theater, die meisten Bücher oberhalb der Ladentische und das beste Nachtleben.

Die im Krieg zerstörten Altbauten wurden nur selten wieder aufgebaut, sodass die Häuserreihen der Innenstadt aussahen wie die Gebisse von Schulanfängern. Lieber baute man am Stadtrand riesige Siedlungen aus Betonfertigteilen, die damals ungemein beliebt waren. Das bedeutete für die Bewohner der Altbauten: Kohlentragen in den vierten Stock, Morgentoilette auf dem Außenklo und Warmduschen nur so lange, wie der Boiler hielt. Und wenn einmal ein Haus zu baufällig war, dann war die Heilmethode häufig schlimmer als die Krankheit: Lästiger Stuck wurde ebenso abgeklopft wie baufällige Balkone, altertümliche Dielen wurden mit Estrich und Linoleum überklebt, verschwenderische Doppelkastenfenster gegen schlecht schließende Produkte aus volkseigener Produktion ausgetauscht. Kurzum, man wohnte gern in Marzahn, Hellersdorf und Lichtenberg mit Zentralheizung, Warmwasser und Fahrstuhl. Und darum waren auch dort Wohnungen nur schwer zu bekommen.

Zwar gab es eine zentrale »Wohnraumlenkung«, die dazu dienen sollte, dass möglichst jeder ein Zimmer zum Wohnen hatte, aber auch dieses zentralistische Projekt der deutschen Pseudosozialisten scheiterte. Das Regelwerk funktionierte nach den Mechanismen besten preußischen Beamtentums: Es bestrafte diejenigen, die sich daran hielten, und belohnte jeden, der die Regeln missachtete. Als meine Mutter mit mir im achten Monat schwanger war, wagte sie, in der Wohnraumlenkung des Stadtbezirks Treptow vorzusprechen. Dort brachte sie das kühne Ansinnen hervor, für ihre Familie den Berechtigungsschein für eine Vier-Raum-Wohnung* zu

* Im Osten hieß es »Ein-Raum-« oder »Vier-Raum-Wohnung«. Ein ehrlicherer Begriff als das westliche »Zimmer«. Schließlich ist nicht jedes Durchgangszimmer ein Zimmer, aber doch ein Raum. Der alte Ost-Sprachgebrauch setzt sich zunehmend überall durch, nicht zuletzt durch die erfolgreiche Popgruppe *2Raumwohnung*, die natürlich aus dem Westen kommt. Sängerin der *2Raumwohnung* ist die nymphengleiche Inga Humpe, Schwester von Annette, der legendären

erhalten. »Wieso denn eine *Vier*-Raum-Wohnung?«, fragte die Dame hinter dem Schreibtisch nach Durchsicht aller Unterlagen spitz. »Sie sind doch nur drei Personen.« Meine Mutter war keine dumme Frau, aber sie hatte es geschafft, sich einen Rest von Naivität im Umgang mit Menschen durch dreißig Jahre Realsozialismus hindurch zu retten. Sie versuchte, den Blick der teigigen Sachbearbeiterin zu finden, zeigte auf ihren enormen Bauch und sagte: »Aber bald werden wir ja vier sein.« Die Wohnraumlenkerin ließ sich nicht durch Menschliches aus der Bahn bringen. Sie warf einen kalten Blick auf den Bauch, in dem ich damals wohnte, und sagte: »Na, wir wollen doch erst mal sehen, ob es Leben hat.«

Das Problem an der Wohnraumlenkung war, dass sie auf falschen Annahmen beruhte. Eine der falschen Grundannahmen war es, dass die Bürger der DDR so begeistert vom Sozialismus waren, dass sie dem Staat gegenüber immer ehrlich handeln würden. Wohnungen waren in Ostberlin legendär billig. Man bezahlte etwa eine DDR-Mark pro Quadratmeter, und Mietschuldner wurden höchstens durch Umsetzung in kleinere Wohnungen bestraft. Wenn man erst mal an die Wohnungen herangekommen war, konnte man es sich problemlos leisten, eine oder mehrere solcher Wohnungen zu halten und die Miete weiter zu bezahlen. Man vermietete die übrigen Wohnungen lieber für einen netten Zugewinn unter der Hand weiter oder ließ sie einfach leer stehen. Die Wohnungsverwaltung hatte keinerlei Überblick.

Sängerin der legendären NDW-Band »Ideal«, von der die Westberliner Nationalhymne »(Ich steh auf) Berlin« stammt.

Daher gab es die Regelung der »Leerstandsmeldung«. Wer der Wohnraumlenkung mehrere leer stehende Wohnungen melden konnte, erhielt eine dieser Wohnungen. So kam ich mit achtzehn zu meiner ersten eigenen Wohnung. Damals war die große Ausreisewelle, und leere Wohnungen gab es genug. Wenn man die Augen offen hielt, konnte man schnell ein paar Adressen angeben. Wie es damals üblich war, unterschrieb ich den Mietvertrag und erhielt ein paar Schlüssel, von denen keiner auch nur im Geringsten etwas mit der Wohnung, dem Keller oder der Haustür zu tun hatte. Diese Schlüssel hatten bloßen Symbolcharakter, die Wohnraumlenkung wollte dem neuen Mieter irgendetwas in die Hand geben. Wie damals üblich, brach ich die Tür meiner neuen Wohnung auf, baute mir mein mitgebrachtes Türschloss ein und war für eine ganze Zeit einer der glücklichsten Achtzehnjährigen der Welt.

In Ostberlin waren also Wohnungen knapp. Und in Westberlin? Waren die Wohnungen auch knapp, legendär knapp. Es fehlte schlicht die Möglichkeit, dass der Mittelstand vor die Tore der Stadt ziehen konnte, weil die Tore der Stadt durch die Grenztruppen der DDR ungewöhnlich gut befestigt waren. Wer viel Geld hatte, konnte sich natürlich eine Villa am Wannsee kaufen, und wer es grün mochte, zog nach Spandau. Aber die Preise für das Häuschen im Grünen, diesen deutschen Traum, waren unvergleichlich hoch. Die bürgerlichen Viertel von Charlottenburg, Steglitz und Tiergarten waren irrsinnig gefragt.

Studenten bevölkerten die Stadt und blieben lange, denn wer sein Studium in Regelstudienzeit absolvieren wollte, hätte doch auch gleich in Heidelberg oder

Göttingen bleiben können. Wehrdienstverweigerer, Freunde der lauten Musik, Protagonisten der avantgardistischen Kunst und weitere Menschen auf der Suche nach dem ewig ätherisch flüchtigen Weltmittelpunkt der Boheme kamen nach Berlin. Sie alle suchten billigen Wohnraum. Die Immobilienmakler, denen es damals noch besser in dieser Stadt gefiel, versuchten nun, alte Häuser nicht mehr für Billigmieten zu verschleudern, sondern diese Häuser zu »entwickeln«. Der Druckunterschied zwischen den wohnungssuchenden Massen und der vakuumartigen Leere der Spekulationsobjekte führte schließlich ab dem Ende der siebziger Jahre zum »Häuserkampf«, in dem sich die Hausbesetzerbewegung nahm, was herumstand. Gruppen von Menschen bezogen in Nacht-und-Nebel-Aktionen Häuser, die seit Jahren leer standen und hängten Transparente auf mit Slogans wie: »Die Häuser denen, die drinnen wohnen!« »Instandbesetzen« nannte man diesen unrechtmäßigen Erwerb von Wohnraum.

Die allgegenwärtige BZ rief daraufhin mal wieder die »braven Bürger« Berlins zu mehr Wehrhaftigkeit und Wachsamkeit auf. Ein Berliner Künstler, der damals noch bei seinen Eltern im ersten Stock eines schicken Zehlendorfer Ein-Familien-Häuschens wohnte, hängte in jener Zeit ein Laken aus seinem Elternhaus: »Dieses Haus ist besetzt«. Das Laken hing keine zehn Minuten, bevor die Polizei mit großer Mannschaft anrückte, um den vermeintlichen Anfängen in Zehlendorf zu wehren.

Auch noch Ende der achtziger Jahre, als der Häuserkampf längst durch die Besetzer gewonnen war, die Mietverträge mit dem Berliner Senat machten und sich nach und nach ihre wilden Besetzerburgen zu den gemütlichen Eigentumswohnungen ausbauten, die sie schon von ihren Eltern kannten, war die Wohnungsknappheit in Westberlin eklatant. Allerdings war die Zeit der Aufstände vorbei, mittlerweile saß die erste Revoltengeneration schon fest in allen Parlamenten, und deren Kinder wollten etwas anderes als ihre Eltern machen. Also kauften sich junge Menschen »Suche Wohnung«-T-Shirts, auf denen man nur noch die Zimmerzahl, Komfortstufe und Maximalmiete ankreuzen musste, und liefen damit durch die Stadt. Im Westteil der Stadt wimmelte es von Wohngemeinschaften, die nur in den seltensten Fällen mit einem übertriebenen Bedürfnis nach menschlicher Nähe zu tun hatten. Streit darüber, wer wann mit dem Spülen an der Reihe gewesen war und von wem das Fleisch im Kühlschrank stammte, obwohl man doch eine vegetarische WG sein wollte, war an der Tagesordnung. Waren die Diskrepanzen gar zu groß, zog der Schwächere weiter. Manche brachten es so zu einer beachtlichen Strecke von Wohngemeinschaften.

Der aufmerksame Leser mag sich nun fragen, wie aus der Vereinigung zweier wohnungsknapper Stadtteile ein Eldorado für Mieter hervorgehen konnte. Hatte der Fall der Mauer noch weitere Wunder neben dem hervorgebracht, das der Fall selbst schon bedeutet hatte? Nicht wirklich, wie man im modernen Sprachgebrauch sagen würde. Es gab wohl drei wesentliche Faktoren, die zu diesem Umschwung führten.

Erstens wurde das Wachstumspotential von Berlin kurz nach der Wende gnadenlos überschätzt. Alle gaben sich überzeugt davon, dass hier der Schreibtisch entstehen würde, auf dem Moskau und London ihre Verträge miteinander aushandeln würden. Man rechnete damit, dass sich binnen Kurzem mehrere Flugzeugwerke, die Mehrzahl aller Medienkonzerne der Welt sowie das Internet selbst hier ansiedeln würden. Niemand wagte es, zu widersprechen. Die Politiker wollten sich möglichst wiedervereinigt geben und die Berliner Presse hat es noch nie als ihre Aufgabe verstanden, Berliner Großmannsträume zu hinterfragen. Die Banken bestärkten willige Investoren nur allzu gern in diesem Irrglauben, verteilten nach links und nach rechts riesige Kredite. Immobilienfinanzierung wurde als Gelddruckmaschine angepriesen. Denn schließlich könne man ja die Hälfte des Kredites steuergünstig abschreiben, da wäre es doch egal, wenn der Preis der Wohnung doppelt so teuer war. In kürzester Zeit entstanden Millionen von Quadratmetern von Büroflächen, entstanden und – standen leer. Das Internet ging kaputt, die Industrie ging nach Polen oder Asien und Moskau blieb in Moskau. Es gab auf einmal in Berlin so viel leer stehende Geschäftsfläche, dass noch jeder Berliner Arbeitslose sein eigenes, großzügiges Büro hätte beziehen können.

Zweitens erwies es sich nun unerwartet als ein Vorteil, dass die ostdeutschen Altbauten jahrzehntelang vernachlässigt worden waren. So hatten sie die Moderne architektonisch einigermaßen unbeschadet überstanden und konnten jetzt postmodern saniert werden. Der Stuck wurde restauriert, die Dielen abgeschliffen, die Balkone restauriert, und die Tauben wurden aus den Dächern verscheucht, um riesige Dachgeschosswohnungen anzulegen. An den in Zuckerbäckerfarben gestrichenen neuen Fassaden konnte man erkennen, wo die Eigentumsverhältnisse der Immobilie geklärt waren, während die strittigen Objekte weiter in stolzem Tiefgrau trotzig in den Häuserreihen standen und aus ihren Außentoiletten widerspenstig stanken. Doch lange hielt sich das Tiefgrau nirgends. Zuerst war der Stadtbezirk Prenzlauer Berg an der Reihe, und als man zehn Jahre später damit fertig war, kam der Friedrichshain, den man jetzt noch neuer und noch schicker sanieren konnte. Waren im Prenzlauer Berg noch Ein-Raum-Wohnungen ausgebaut worden, kam so etwas im Friedrichshain nicht mehr vor. Ein-Raum-Wohnungen nahmen nicht mal mehr die Studenten.

Drittens setzte die Stadtflucht ein. Kleinmachnow, Groß-Glienecke und Oberkrämer hießen die neuen Orte der Sehnsucht für den Berliner Mittelstand. Die Westberliner schwärmten aus und suchten sich möglichst schöne Flecken im Grünen, wohin sie endlich ihr Häuschen setzen konnten. Aber auch die Ostberliner lernten schnell und wollten Brandenburger mit Berliner Arbeitsplatz werden. Im Osten hatte es hauptsächlich die berühmten *Datschen** gegeben, auf die man am Wochenende mit der S-Bahn oder dem Vorstadtzug fuhr. Nicht sehr viele Familien besaßen ein Auto, und der Besitz von zwei Autos war nahezu unbekannt. Wohlbekannt ist, dass man auf den regulären Erwerb eines Autos in der DDR vierzehn Jahre lang warten musste.** Inzwischen brauchte keiner mehr zu warten,

* Abgeleitet von »Дача«, was im Russischen soviel wie Landhaus oder Sommerfrische bedeutet.

** Allerdings erwarb kaum einer sein Auto auf diese reguläre Art. Der Schwarzmarkt blühte. Die DDR war eines der wenigen Länder, in denen gebrauchte Autos um ein Vielfaches teurer als Neuwagen und so zogen nach und nach auch die Ostberliner mit geklärten finanziellen Verhältnissen vor die Tore der Stadt, wo bald der sogenannte »Speckgürtel« Berlins entstand. Für Brandenburg war das eine Freude, für Berlin war es ein Problem, weil die besten Steuerzahler ihre Pflicht nun gegenüber den Brandenburger Finanzämtern erfüllten.

Die Lage auf dem Wohnungsmarkt ist weiterhin äußerst entspannt. Verglichen mit einem Zupfinstrument, auf dem die stärker gespannten Saiten hohe Töne und die weniger gespannten Saiten tiefere Töne machen, so wäre dem Berliner Wohnungsmarkt derzeit überhaupt kein Ton zu entlocken. Man muss aber kein Genie sein, um vorauszusagen, dass sich die Zeiten irgendwann einmal auch wieder ändern werden. Dann wird sich glücklich preisen, wer jetzt schon einen unbefristeten Mietvertrag abgeschlossen hat.

Man kann sich also aussuchen, wo man wohnen möchte und weil die Mietpreise überall vergleichsweise günstig sind, sucht man sich seinen Bezirk am ehesten nach dem bevorzugten Lebensgefühl aus. In Bezirken wie Spandau, Köpenick und Treptow wohnen Menschen, die Grün und Wasser lieben und nicht täglich den hektischen Puls der Großstadt schlagen hören müssen. In Charlottenburg und Schöneberg wohnen Bürgertum und Mittelstand, die gern auch preisgeben »Westberli-

waren. Außerdem fand sich jeder Jugendliche an seinem 18. Geburtstag in der zuständigen Behörde ein, um sich für ein Auto anzumelden. Die Anmeldungen konnte man sowohl verkaufen (pro ein Jahr abgelaufener Zeit bekam man ca. 1000 Mark, ein Vermögen), als auch vererben!

ner« zu sein. Wilmersdorf und Steglitz stehen im Ruf, politisch mindestens äußerst konservativ zu sein.* Im Friedrichshain wohnen partylustige Studenten, manche Bürgersteige sind hier im Sommer nicht mehr erkennbar, weil sie von Stühlen und Tischen der anliegenden Cafés nur so zugestellt sind. Die Bewohner vom Prenzlauer Berg waren früher einmal partylustig, heute haben sie Arbeit und Kinder. Darum wächst hier langsam alles voll mit Läden, in denen man schnell viel Geld ausgeben kann, zum Beispiel für Kinderklamotten. In Marzahn und Hellersdorf wohnen viele Menschen, die sich selbst als »Ostberliner« bezeichnen würden und den Vollkomfort ihrer Plattenbauten dem modischen Schnickschnack renovierter Altbauten vorziehen. In den Bezirken Wedding und Neukölln wohnen viele Menschen mit ausländischem Pass und Deutsche, die eine profunde Abneigung gegen alles Schicke haben.

Kreuzberg ist differenziert zu betrachten, bis heute unterteilen es seine Einwohner in die alten Postzustellbezirke Südost 36 (SO 36) und Südwest 61 (SW 61). SO 36 ist der kleinere, deutschlandweit aber besser bekannte Teil Kreuzbergs. Hier wird das revolutionäre Image noch gepflegt und man ließ es sich gefallen, bezüglich des Sanierungszustandes von den alten Ostbezirken überholt zu werden. In 36 kann man dafür den besten Döner Berlins essen, wenn es so etwas gibt. Kreuzberg 61 ist der etwas gediegenere Teil-Ortsteil, hier wimmelt es vor Restaurants mit den Küchen aller Welt und Läden

* »Wir Wilmersdorfer Witwen verteidigen Berlin, sonst wär'n wir längst schon russisch, chaotisch und grün…« Aus dem Musical »Linie 1«.

mit allerlei alternativem Zeugs. Aber die Bewohner von SO 36 verachten natürlich die biederen 61er.

Dann gibt es noch eine Menge von Wohngebieten für spezielle Bedürfnisse. Cowboys sollten in der Nähe der »Old Texas Town« in Charlottenburg siedeln, weil sie dort allabendlich Gleichgesinnte im Stetson treffen können. Viele Schwule wohnen rund um die Fuggerstraße in Schöneberg oder in der Gegend um die Gleimstraße im Prenzlauer Berg, wo die Wege zu speziellen Clubs und Läden kürzer sind.

Man findet also alles Denkbare. Aber wenn sich der Berliner einmal für einen Bezirk entschieden hat, dann bleibt er treu. Die Berliner sind statistisch belegbar ein sehr sesshaftes Völkchen. Bis heute ziehen sie zum allergrößten Teil nur innerhalb ihres Stadtbezirks um. Zum Beispiel fanden 2004 von insgesamt 382 000 Berliner Umzügen mehr als 221 000, also fast 60 % innerhalb desselben Bezirks statt. Und von den wenigen Umzügen über die Bezirksgrenzen hinweg, ging etwa ein Drittel in einen Nachbarbezirk.*

Alles im Leben hat jedoch seinen Preis, und die Leute in Köln und New York, noch mehr aber die Menschen aus München und gewiss die Leute aus Tokio sollten sich genau überlegen, ob sie bereit wären, den Berliner Preis für billige Wohnungen zu bezahlen. Denn in Berlin bekommt man neben seinem Mietvertrag immer auch eine soziale Aufgabe übertragen. In jedem mir bekannten Mietshaus dieser Stadt gibt es nämlich mindestens eine Familie, die für alle anderen Bewohner eine

* Vielen Dank an das Statistische Landesamt für die detaillierten Informationen!

Herausforderung darstellt. Diese Familien haben viele Namen »die Krachbarn« oder einfach nur »die«. Die Familie lebt häufig zu zehnt in einer Zwei-Raum-Wohnung und in dieser Zahl sind die Hunde nicht einmal eingerechnet. Wenn man nachts wegen des Lärms nicht schlafen kann und bei der Polizei anruft, dann bekommt man die lapidare Antwort: »Da kann man nichts machen.« Die Lieblingsmusik der Familie, die leider selten aus Klavierwerken von Chopin, sondern eher aus der schlechtesten Musik der 60er, 70er und 80er und dem Schlimmsten von heute besteht, dröhnt zu jeder Nachtzeit über den Innenhof, und mindestens einmal in der Woche feiert irgendjemand aus dieser Wohnung eine Party. Die Hunde verrichten ihr Geschäft im Hausflur, ebenso wie einige der späten Partybesucher. An Silvester hilft nur Beten, wenn man nicht möchte, dass zur Jahreswende bei besagter Familie die große Party steigt. Dann kann man sich sicher sein, am Neujahrsmorgen die von Chinaböllern der Güteklasse D ausgebrannten Briefkästen in dem Erbrochenen der Festgesellschaft liegen zu sehen. Und das nur in dem glücklichen Fall, dass das Haus selbst nicht durch das polnische Billigfeuerwerk niedergebrannt ist. Eine solche Familie hat eben jeder in seinem Berliner Mietshaus, und wenn man *das* nicht will, dann muss man auch eine Miete für seine Wohnung bezahlen, die den internationalen Vergleich nicht scheuen muss.

Speck und Gürtel

Man kann nach dem morgendlichen Aufstehen direkt aus der Haustür in einen dichten Mischwald gehen. Man kann sich abends mit einer Fähre zu seiner Heimatinsel übersetzen lassen. Man kann im Gemüseladen ein Gespräch mit der wunderlichen Dame in der Kittelschürze führen. Und man muss in der Kneipe aufpassen, dass man sich nicht uneingeladen an den Stammtisch setzt. Man kann natürlich in den Schützenverein eintreten, vielleicht möchte man auch lieber bei den Briefmarkensammlern mitmachen. Man kann die alten Möbel, die man findet, zum örtlichen Heimatmuseum tragen. Und man kann sich schon darauf freuen, dass einmal im Jahr im ortsansässigen Kulturhaus die Schulaufführung vom »Sommernachtstraum« stattfindet oder dass die Don-Kosaken in der Kirche auftreten. Das alles kann man machen, *ohne* die Stadt Berlin zu verlassen. Man kann sogar morgens den Bauern beim Viehauftrieb zusehen, besonders, wenn man die Bezeichnung Vieh auch für Hunde gelten lässt. Dann kann man tagtäglich aus dem eigenen Wohnzimmerfenster das Schauspiel beobachten, wie die Einheimischen mit Geschick riesige Herden durch die Häuserschluchten Berlins treiben.

Weshalb also Menschen, die in Berlin arbeiten, außerhalb dieser Stadt wohnen wollen, ist rational kaum zu erklären. Warum möchte der Mensch das Gefühl haben, der ihn umgebende Beton sei das Seine? Wahrscheinlich spielt der Neid eine wichtige Rolle. Denn wenn der ehemalige Nachbar sich ein Haus gekauft hat, dann möchte man sich selbst ein größeres Haus bauen. Am liebsten möchte man es daneben hinstellen oder gleich oben drauf, damit der Nachbar sieht, wem es besser geht. Oder sind es genetische Baupläne, die in der vierten Lebensdekade den Häuserbauer-Metabolismus des Menschen anschalten. Es bleibt unklar, was die Menschen bewegt. Die Berliner müssen ihnen aber dankbar sein, denn sie halten den Wohnungsmarkt entspannt und die Immobilienmakler im Zaum.

Gern begründen die Stadtflüchtlinge ihre Entscheidung mit »den Kindern«. Die Kinder dürfen jedoch nicht über die Wiesen tollen, sondern müssen die frühe Phase ihrer Kindheit damit verbringen, über die Baustelle der Eltern zu stolpern und ja nicht zu viel Betonstaub einzuatmen. Steht dann irgendwann das Haus, müssen sie ihre Schule mit allen Kumpels verlassen, um vor Ort einer ganzen Schule voller ebenso frustrierter Gleichaltriger zu begegnen. Spätestens in der Sekundarstufe wollen die Eltern dann nicht mehr, dass ihre Kinder Brandenburger Schulen besuchen und zumindest ein Elternteil meldet sich dafür mit den Kindern polizeilich wieder in Berlin an. So sitzt die ganze Familie in ihrem Haus und blickt stramm nach Berlin, aber auf den Nummernschildern – meist braucht man zwei Autos – steht kein »B« mehr als erster Buchstabe. Stattdessen steht auf den Nummernschildern zum Beispiel »MOL« (Landkreis Märkisch-Oderland) oder »BAR« (Landkreis Barnim), und mit diesen Nummernschildern beginnt die Entfremdung. Für die Bewohner Brandenburgs ist nämlich das Berliner Straßennetz auch nur eine besonders lange Baumallee, durch die sie nach Hause fahren wollen. Während die Berliner Motoristen ihre Fahrzeuge vorsichtig um die Ecke lenken, auf Umleitungen und Ampeln achten, wollen die Brandenburger nur schnell nach Hause und bringen dies durch ihren Fahrstil zum Ausdruck. Daher haben sich bestimmte Übersetzungen der Nummernschilder in Berlin eingebürgert, »MOL« wird meist übersetzt mit »meine Oma lenkt«, »BAR« steht in Berlin für »Bauer auf Reisen«.

Wenn das gute Leben beginnen könnte, leben »die Kinder« leider nicht dort, wo das gute Leben stattfindet, nämlich in Diskos, Clubs, Cafés und auf den Plätzen Berlins, sondern sie leben vor den Toren der Stadt. Sie haben nun die Wahl, sich von ihren Eltern überall mit dem Auto hinfahren zu lassen oder jede Party einige Stunden vor deren Höhepunkt zu verlassen, um noch die letzte S-Bahn zu erwischen, die sie irgendwo in der Nähe der Behausung ihrer Eltern absetzt und von wo aus sie mit Kompass und Taschenlampe nach Hause finden können. Sobald sie die Volljährigkeit erreichen, fliehen die Kinder der Stadtflüchtlinge übrigens das Land und ziehen in die Heimatstadt der Eltern. Es kann wohl nicht an den Kindern liegen.

Am Anfang haben alle Freunde gesagt, wie unglaublich sie sich freuen und dass es nichts Besseres gäbe, und dass man gern an jedem Wochenende zu Besuch kommen würde. Und deshalb baut man auch ein Gästezimmer und plant, wo noch Gäste schlafen können, wenn das Gästezimmer voll ist, weil sich ja schließlich so viele Freunde angekündigt haben. Doch wenn das Haus erst fertig ist, passt es den meisten niemals oder sie haben sich ein eigenes Haus gebaut und kommen nur vorbei, wenn auch ein Gegenbesuch garantiert wird. Spätestens am frühen Nachmittag fahren sie dann wieder ab und im Gästezimmer sammeln sich im Lauf der Jahre die Kartons diverser Frusteinkäufe. Nach einem Riesenkrach steht man eines Tages bei seinen Berliner Freunden vor der Tür, und obwohl die eigentlich kein Gästezimmer haben, fragt man, ob man mal eine Nacht bei ihnen schlafen könne. Wenn man sogar einen eigenen Schlüssel bekommt, schmeißt man sich noch einmal mit Verve in das Nachtleben von Berlin. So entdeckt man den eigentlichen Sinn des Wegziehens: Endlich wieder zu Hause ankommen zu können.

Brandenburg, Balkonien oder Balearen – Hauptsache raus

Machen wir uns nichts vor: Mit dem Ruf des Berliners ist es nicht zum Besten bestellt. Jedenfalls außerhalb der Stadtgrenze Berlins. Innerhalb dieser Stadtgrenze und immer, wenn der Berliner Artgenossen trifft, gratuliert man sich zur eigenen Großartigkeit, schwärmt von der Köstlichkeit der Berliner Biere und von dem unvergleichlichen Flair der Stadt. Es sei denn, es kommt ein dritter Berliner hinzu. Ergibt sich nun die Konstellation, dass zwei der Anwesenden aus dem Osten sind und der andere aus dem Westen, dann wird der Westberliner bald das Weite suchen, und es wird wieder Frieden herrschen zwischen den beiden Ostberlinern. Es sei denn, es kommt ein dritter Ostberliner hinzu und zwei der Anwesenden sind Weißenseer und der andere Treptower. Dann wird der Treptower bald das Weite suchen, und es wird wieder Frieden herrschen zwischen den Weißenseern. Es sei denn, es kommt ein dritter Weißenseer hinzu, und zwei der Anwesenden kommen vom Antonplatz, und der andere aus dem Komponistenviertel. Das Ganze setzt sich im schlimmsten Fall bis auf die Ebene der Hausnummer fort.

Außerdem mag der Berliner die Leute von außerhalb nicht so besonders. Die Brandenburger sind ihm zu ländlich, die Hamburger zu städtisch, die Rheinländer zu fröhlich, die Bayern zu griesgrämig. Mit den Sachsen verbindet ihn eine jahrhundertealte Feindschaft, die beide Seiten liebevoll pflegen. So stehen Berliner Fußballfans gern volltrunken auf irgendeinem Bahnhof und brüllen lauthals in Richtung des vermeintlichen Gegners den beliebten Schlachtgesang: »Ihr seid nicht aus Berlin, nicht aus Berlin, nicht aus Berlin!« In Wirklichkeit ist dies vielleicht einer der friedlichsten Fußballgesänge überhaupt. Die Sänger denken »Ja!« und sind zufrieden. Aber die Besungenen denken auch »Ja!« und sind womöglich noch zufriedener.

Schon mit den Brandenburgern, die eigentlich eng verwandt mit den Berlinern sind, gibt es viele Probleme, obwohl unheimlich viele Brandenburger aus Berlin kommen. Die Brandenburger genießen die Monate zwischen November und Februar, wenn sie ganz unter sich sind und lokale Probleme pflegen können. Denn sobald die Temperaturen im zweistelligen Plusbereich sind, gibt es für die Brandenburger nur noch ein Problem: die Berliner, genannt »die Buletten«. Sie kommen mit ihren Autos und Motorrädern, sie kommen mit dem Zug, der S-Bahn, mit Bussen, sie kommen in bunten Anzügen auf Fahrrädern, sie kommen mit dem Wanderstock, dem Jagdgewehr oder dem Reitanzug. Sie okkupieren die Seen, sie treiben die Ruhe aus den Wäldern, sie ernten die Pilze, sie beschmutzen die Gewässer. »Is det nich schön hier?«, gellt es lauthals durch Wald und Flur. Am Sonntagabend besteigen sie dann wieder ihre Gefährte und hinterlassen nichts als Verwüstung.

Eine besondere Spezies sind die Berliner Bootsbesitzer, die an jedem Wochenende ihre teilweise recht beeindruckenden Jachten ein paar Meter weit in die Brandenburger Gewässer hineinbewegen, dort vor Anker gehen und erst am Sonntag wieder nach Berlin zurückkehren. Das Wochenende verbringen sie meist damit, bis zur Erreichung eines einheitlichen Rubintons der gesamten Haut nackt an Deck zu liegen und entweder an Bord oder am Ufer zu grillen. Bei den Brandenburgern heißen diese Schiffe, die monatelang jedes Wochenende vor ihren Ufern liegen, »Affenfelsen«. Ich selbst wurde einmal Zeuge, wie die Bewohner eines solchen Felsens an einem Sonntagnachmittag das Beiboot herunterließen, damit ans Ufer fuhren, zwei große Müllsäcke dort abluden, und der Affenfelsen kurz darauf Kurs auf seinen Heimathafen nahm. Die Einrichtung einer Waldmüllabfuhr ist aber in Brandenburg vollkommen unbekannt, sodass es an dieser Stelle immer wieder zu Missverständnissen mit den Berlinern kommt.

Weil sich viele der Berliner, bevor sie losfahren, Geld in die Taschen stecken und es bis zum Sonntag auch ausgegeben haben für Bier und Würste und Eintrittsgelder und möglicherweise eine Übernachtung, erdulden die Brandenburger den ganzen Trubel, einschließlich derjenigen Berliner, die sich, bevor sie losfahren, Stullen, Bierkästen und Schlafsäcke einpacken und möglichst keinen Cent ausgeben übers Wochenende in der Fremde. Eine Fahrt mit der S-Bahn am Abend eines lauen Sommersonntags nach Berlin hinein, kann unter Umständen einige Semester eines Soziologiestudiums ersetzen. Die Zunge inmitten der ohnehin schon freimütigen Berliner Schnauze durch einige alkoholhaltige Erfrischungsgetränke gelöst, gibt es keinerlei Hemmungen mehr, auch privateste Probleme offen zu diskutieren. Gern bringen sich auch die Umstehenden mit Vorschlägen in solche Diskussionen ein, jedoch sollte man wissen, dass dies entweder mit tiefer Dankbarkeit oder einem Faustschlag quittiert werden kann.

Insgesamt verlässt der Berliner nicht gern die Grenzen seiner Stadt. Darum bleiben viele im Urlaub lieber gleich zu Hause, ziehen sich einen Freizeitanzug an, schnallen sich eine bunte Gürteltasche um und bewegen sich als Touristen durch die eigene Stadt. Erfreut knipsen sie Fotos von ihrem Nachbarhaus und bestellen ausnahmsweise mal ein Glas Rotwein in ihrer Stammkneipe. Wenn sie die Langeweile packt, buchen sie bei einem Veranstalter eine Busrundfahrt durch die Stadt oder einen Ausflug in einen anderen Stadtbezirk. So ein Urlaub in »Balkonien« enthält für die meisten genau die richtige Mischung aus Bewährtem und Neuem und erfreut sich daher zunehmender Beliebtheit. Insbesondere die Vorhersagbarkeit des abendlichen Fernsehprogramms gilt als großer Pluspunkt.

Äußerst beliebt sind in Berlin auch die Kleingartenkolonien. Man findet sie überall in der Stadt: inmitten von Autobahnkreuzen, zwischen Gleisanlagen, in der Nähe der Flughäfen. Osman Kalin zum Beispiel hat sich seinen Kleingarten auf einer dreieckigen Exklave der DDR eingerichtet, die auf der Kreuzberger Seite der Mauer lag, weil die DDR es mit ihren Betonsegmenten nicht einzäunen konnte. Allerdings war es vertragsgemäß eindeutig ostdeutscher Besitz, sodass sich niemand in Westberlin zuständig fühlte. Kalin kannte solche Hemmungen nicht und richtete sich seinen Garten ein. Die Geschichte sollte ihm recht geben. Selbst nach dem Fall der Mauer wagte man nicht, ihm seinen Garten wegzunehmen, sodass er im Rahmen von Bestandsschutz quasi auf dem juristisch letzten Stück DDR sein Gemüse anbaut.

Weil die Berliner Stadtteile nur lose miteinander verbunden sind und weil es um das Berliner Stadtgebiet herum noch viel Platz im märkischen Sand gibt, findet man mitten in Berlin sehr viele Kleingartenkolonien. So viele, dass landläufig angenommen wird, diese wären in Berlin erfunden worden. Wenn mehr Berliner wüssten, dass die Schrebergärten ebenso wie der namensgebende Orthopäde Dr. Daniel Gottlob Moritz Schreber Leipziger Originale sind, es würde ihnen das Laubenpieper-Vergnügen wohl erheblich vermiesen.

Der Grund, aus dem die meisten Außenstehenden die Kleingartenkolonisten nicht verstehen, ist die Annahme, dass die Laubenpieper Ruhe und Erholung suchen würden. Diese Annahme ist nur teilweise richtig. Berliner Laubenpieper suchen Erholung, aber sicher keine Ruhe. Der Laubenpieper fühlt sich dann erst wohl, wenn er mit freiem Oberkörper, nur in Feinrippschlüpfer, Socken und Sandalen gewandet, neben seinem Grill für den am Vormittag neu erworbenen Liegestuhl zwischen Miniaturspringbrunnen, Gartenzwergen und Kunstteich noch einen Stellplatz findet, das Musikgerät in die Verteilerdose gesteckt hat und über seiner Parzelle eine akustische Schutzglocke zur Übertönung der Schutzglocken seiner zahllosen Nachbarn errichtet hat. Soll der Tag perfekt sein, kommt der Kolonievorsitzende auf ein Bier vorbei und bescheinigt die vorbildliche Länge der Grashalme und die mustergültige Unkrautfreiheit.

Da die Errichtung fester Häuser in den meisten Kolonien verboten ist, kann man rund um die Uhr am Leben seiner Nachbarn teilnehmen. Die dünnen Wände aus Holz oder Gipskarton verbergen weder das Fernsehprogramm noch die Sexualgewohnheiten von nebenan. Es geht also überhaupt nicht um die Flucht aus der Stadt, sondern eher um stärker erlebte Nähe zu deren Bewohnern.

Nur so sind übrigens auch die gut besuchten Berliner Badeseen zu erklären. Mit der S-Bahn könnte man Dutzende ruhiger Brandenburger Badeseen erreichen. Aber das ist ja gerade *nicht* der Sinn »vonnt Janze«. Man packt die Badehose ein, nimmt sein kleines Schwesterlein und dann braucht man dringend irgendeine Art von Sonnenöl, um sich überhaupt noch zwischen die vielen Leiber am Freibad Pankow oder Wannsee quetschen zu können. Vorstellbar ist für manche Berliner höchstens noch ein Ausflug nach »Malle«, dem sechzehnten Berliner Stadtbezirk. Diese von der spanischen Regierung verwaltete Balearen-Insel besitzt eine so gute Anbindung an das Berliner Nahverkehrsnetz, eine ausreichende Bierversorgung und vor allem genügend Berliner, dass sich eine Flugreise lohnt. Aber insgesamt bleibt der Berliner am liebsten zu Hause. Hier gefällt es ihm zwar auch nicht. Aber hier missfällt es ihm immer noch weniger als anderswo.

Am Ende.
Statt eines Nachworts

Und seh ich auch in Frankfurt,
München, Hamburg oder Wien
die Leute sich bemüh'n,
Berlin bleibt doch Berlin.
Bully Buhlan: »Ich hab so Heimweh nach dem Kurfürstendamm« (ca. 1948)

Endlich war es geschafft. Nach Abschluss der Arbeit war ich froh, beim Verlag das Manuskript für die Gebrauchsanweisung abgegeben zu haben. Zurück kam ein Brief meines uneingeschränkt geschätzten Lektors.

»Lieber Jakob, vielen Dank. Ich habe ein paar Kommafehler angestrichen und ›Kino‹ wird ohne ›G‹ oder ›h‹ geschrieben. Gestatte mir nur eine generelle Anmerkung: Wäre es möglich, dass Du irgendetwas Gutes über Berlin in den Text einarbeitest? Viele Grüße, Thomas.«

Fassungslos ließ ich den Brief herabsinken. Was war los? Hatte er ein anderes Buch gelesen? Schließlich hatte ich doch eine Eloge auf Berlin geschrieben, eine Liebeserklärung, die der Stadt die Schamesröte ins Gesicht treiben müsste. Da fiel es mir ein: Der Verlag ist in München! Ich ging den Text nochmals durch, versuchte ihn mit den Augen eines Münchners zu lesen, und begann zu verstehen, wo es Missverständnisse geben könnte.

Seit ich wusste, dass ich diese Gebrauchsanweisung schreiben durfte, habe ich unzählige Bücher über Berlin gelesen. Die besten beschrieben Armut, Kriminalität und den frechen Umgangston in der Stadt. So lange es um reine Fakten, Jahreszahlen und Namen ging, blieb es sachlich, sobald Kommentare gestattet waren, wurde der Ton rau.

Ich sprach mit unzähligen Berlinern und fragte, ob sie noch einen Vorschlag haben. »Ja, du musst die ›Fettluke‹ empfehlen, da gibt es die mit Sicherheit widerlichsten Würste der Welt.« »Schreib unbedingt über die Hundescheiße-Staubsauger, so blöd ist man sonst nirgendwo.«

Mir ist noch kein Berliner untergekommen, der im herkömmlichen Sinne positiv von der Stadt spricht. Im Prenzlauer Berg kann man nicht mehr wohnen, weil da alles nur noch Schicki-Micki ist. In Weißensee kann man nicht mehr wohnen, weil es da keine vernünftigen Geschäfte gibt. In Schöneberg kann man nicht mehr wohnen, weil es da auch nur noch bergab geht. Das Bier ist zu warm, der Kaffee zu kalt, die Buletten nur aus Semmelmehl. Die Spree ist dreckig. Der Senat hat keine Ahnung. Und immer so weiter.

Aber fragen Sie mal einen Berliner, der gerade so richtig über seine Heimatstadt herzieht, warum er denn dann nicht woanders hingeht. Er wird Sie entgeistert anstarren. Er wird Sie fragen, was das denn nun soll. Er wird Ihnen vielleicht sogar Gewalt androhen. All das Meckern und Motzen haben doch nichts damit zu tun, dass man etwa Berlin nicht mag. Das genaue Gegenteil ist der Fall.

Eine nervende Fremde versucht man loszuwerden. Eine Freundin versucht man vielleicht zu verkuppeln. Aber die Geliebte will man für sich behalten, mit niemandem teilen. Seine Geliebte dient man doch nicht jedem Dahergelaufenen an. Da könnten ja die falschen Leute auf die richtigen Gedanken kommen.

Außerdem: Zu Fremden ist man höflich, zu Freunden ist man freundlich. Aber nur die jahrelange Geliebte muss sich Beanstandung gefallen lassen, die Geliebte ist einem nicht egal, mit der Geliebten will man es für den Rest seines Lebens aushalten. Da muss doch eine kritische Grundeinstellung erlaubt sein.

Wenn ich meine Stammkneipe betrete, ruft mir der Wirt freundlich zu: »Du siehst aber heute beschissen aus!« »Immer noch besser als du«, erwidere ich auf seine Schmeichelei und setze mich zu ihm. Mein Bier kommt ohne weitere Worte. Nirgendwo anders will ich sein.

Weitere zugelassene Hilfsmittel

(Notwendigerweise eine hanebüchen beliebige, schamlos subjektive und unvertretbar lückenhafte Auswahl)

»Berlin Alexanderplatz. Die Geschichte von Franz Biberkopf« von Alfred Döblin (Suhrkamp 2002)
Großartiger Roman von einem zugezogenen Berliner Nervenarzt, der Zeit und Stimmung der letzten Jahre vor der Nazizeit meisterhaft beschreibt. (Auch großartiger Film von Fassbinder)

»Chronik der Sperlingsgasse« von Wilhelm Raabe (Reclam 1997)
Beweis, dass man an einer Berliner Straße die ganze Welt zeigen kann. Immerhin wurde nach dem Buch die beschriebene Straße in Sperlingsgasse umbenannt.

»Ich trug den gelben Stern« von Inge Deutschkron (dtv 1985)
Die Schilderung eines jüdischen Überlebens in Berlin und vom Ende einer Epoche.

»Wedding« von Horst Evers (Fahner 2006)
Ein Klassiker über eine der zahlreichen Perlen unter Berlins Stadtbezirken.

»Herr Lehmann« von Sven Regener (Goldmann 2003)
Großartige Beschreibung der letzten Jahre des alten Kreuzbergs.

»Junge Talente« von André Kubicek (Rowohlt 2003)
Großartige Beschreibung der letzten Jahre des alten Prenzlauer Bergs.

»Russendisko« von Wladimir Kaminer (Goldmann 2002)
Eine wunderbare Beschreibung des Durcheinanders der letzten Monate der DDR, des neuen Prenzlauer Bergs und der neuen russischen Mitbürger.

»Nicht jeder Puff hat Pfeffer und Salz« von Andreas Wenderoth (Picus 2001)
Kleine, äußerst feine Berichte von den Berlinern, die sonst nicht in der Zeitung stehen.

»Ich bin der Roman« von Robert Weber (voland & quist 2005)
Eine wilde Reise durch die durchsoffenen Nächte Berlins von einem echten Experten.

»Berliner populäre Irrtümer« von Volker Wieprecht und Robert Skuppin (Berlin Edition 2005)
Sehr gut recherchiertes Buch von zwei der beliebtesten Radiomoderatoren der Stadt, das mit den wichtigsten Berliner Mythen aufräumt und ein paar interessante neue Mythen in Umlauf bringt. Unverzichtbar für jeden, der ein Berliner Besserwisser werden möchte.

»Amokanrufbeantworter« von Daniela Böhle (Satyr Verlag 2005)
Die Frau, die der Berliner Unhöflichkeit ihre Maske vom Gesicht gerissen hat, berichtet vom Besten aus ihrem Leben, seit sie aus dem Rheinland nach Berlin gezogen ist.

»Neulich in Neukölln« von Ulli Hannemann (Ullstein 2008)
Interessante Beobachtungen vom Rande eines der randständigsten Bezirke Berlins.

»Sie nannten ihn Didi und Stulle« von Fil (reprodukt 2000)
Dieter Kolenda und Andreas Stullkowski erobern die Welt von ihrer Wurstbude aus. Der Autor, ein Kind des märkischen Viertels bringt echtes Berlinisch zu Papier und erteilt jeglichem Einbürgerungsbegehren von Nicht-Berlinern eine vehemente Absage.

»Der BFC war Schuld am Mauerbau« von Andreas Gläser (Aufbau 2002)
Hier wird mit Expertise und viel Berliner Witz alles Wesentliche über den DDR-Rekordmeister sowie das Leben arbeitsunwilliger Mauerer erzählt.

»Und niemals vergessen – Eisern Union!« von Jörn Luther und Frank Willmann (basisdruck 2001)
Hier wird das Schicksal des BFC-Erzgegners und legendärem Underdogs des DDR-Fußballs berichtet.

»Nur nach Hause geh'n wir nicht« von Michael Jahn (Die Werkstatt 2006)
Und natürlich gibt es auch schöne und exzellent recher-

chierte Bücher wie dieses über *den* Fußballclub aus Westberlin.

CD

»Na Du alte Kackbratze« von Kurt Krömer (Universal 2005)
Der weltweit beliebteste Neuköllner gibt Einblicke in sein hauptgeschultes Denken.

Filme

»Eins, zwei, drei« von Billy Wilder (1961)
Der geniale Billy Wilder kam nach seiner Emigration 1933 zurück nach Berlin, um hier eine abgedrehte Komödie abzudrehen.

»Die Legende von Paul und Paula« von Heiner Carow (1973)
Der legendärste DEFA-Film über die Suche zweier Menschen nach dem Glück spielt natürlich in den einstürzenden Altbauten von Berlin.

»Linie 1« von Reinhard Hauff und Volker Ludwig (1988)
Berlin-Musical aus dem Untergrund, wegen dem die Umbenennung einer U-Bahnlinie verhindert wurde. Enthält viele Lieder und klassische Sätze wie: »Enrico, komm von die Tante weg. Schokolade hamwa selba.«

»Drei Drachen vom Grill I–III« von Teufelsberg Produktion (1992)
Eine Verneigung vor »Drei Damen vom Grill« einer der beliebtesten Fernsehserien der Stadt und gleichzeitig ein komischer Einblick in Berlins Schwulenszene.

»Das Leben ist eine Baustelle« von Wolfgang Becker (1997)

»Sommer vorm Balkon« von Andreas Dresen (2005)
Echte Berlin-Filme, in denen die Stadt nicht nur als folkloristischer Hintergrund oder neue Kulisse für reiche Wohlstandskinder vorkommt.

Bereits erschienen:

Gebrauchsanweisung für...

Amerika
von Paul Watzlawick

Amsterdam
von Siggi Weidemann

Argentinien
von Christian Thiele

Barcelona
von Merten Worthmann

Bayern
von Bruno Jonas

Berlin
von Jakob Hein

die Bretagne
von Jochen Schmidt

Brüssel und Flandern
von Siggi Weidemann

Budapest und Ungarn
von Viktor Iro

Burgenland
von Andreas Weinek und Martin Weinek

China
von Kai Strittmatter

Deutschland
von Wolfgang Koydl

Dresden
von Christine von Brühl

Düsseldorf
von Harald Hordych

die Eifel
von Jacques Berndorf

das Elsaß
von Rainer Stephan

England
von Heinz Ohff

Finnland
von Roman Schatz

Frankfurt am Main
von Constanze Kleis

Frankreich
von Johannes Willms

Freiburg und den Schwarzwald
von Jens Schäfer

den Gardasee
von Rainer Stephan

Genua und die Italienische Riviera
von Dorette Deutsch

Griechenland
von Martin Pristl

Hamburg
von Stefan Beuse

Indien
von Ilija Trojanow

Irland
von Ralf Sotscheck

Island
von Kristof Magnusson

01/0004/08/R

Istanbul
von Kai Strittmatter
Italien
von Henning Klüver
Japan
von Andreas Neuenkirchen
Kalifornien
von Heinrich Wefing
Katalonien
von Michael Ebmeyer
Kathmandu und Nepal
von Christian Kracht und Eckhart Nickel
Köln
von Reinhold Neven Du Mont
Leipzig
von Bernd-Lutz Lange
London
von Ronald Reng
Mallorca
von Wolfram Bickerich
Mecklenburg-Vorpommern und die Ostseebäder
von Ariane Grundies
Moskau
von Matthias Schepp
München
von Thomas Grasberger
das Münchner Oktoberfest
von Bruno Jonas
Münster und das Münsterland
von Jürgen Kehrer
Neapel und die Amalfi-Küste
von Maria Carmen Morese
New York
von Verena Lueken
Niederbayern
von Teja Fiedler
Nizza und die Côte d'Azur
von Jens Rosteck
Norwegen
von Ebba D. Drolshagen
Österreich
von Heinrich Steinfest
Paris
von Edmund White
Peking und Shanghai
von Adrian Geiges
Polen
von Radek Knapp
Portugal
von Eckhart Nickel

01/0005/08/L

Potsdam und Brandenburg
von Antje Rávic Strubel
Rom
von Birgit Schönau
das Ruhrgebiet
von Peter Erik Hillenbach
Salzburg und das Salzburger Land
von Adrian Seidelbast
Sardinien
von Henning Klüver
Schottland
von Heinz Ohff
Schwaben
von Anton Hunger
Schweden
von Antje Rávic Strubel
die Schweiz
von Thomas Küng
Sizilien
von Constanze Neumann
Spanien
von Paul Ingendaay
Südafrika
von Elke Naters und Sven Lager
Südfrankreich
von Birgit Vanderbeke
Südtirol
von Reinhold Messner
Sylt
von Silke von Bremen
Thailand
von Martin Schacht
Tibet
von Uli Franz
die Toskana
von Barbara Bronnen
Tschechien und Prag
von Jiří Gruša
die Türkei
von Iris Alanyali
Umbrien
von Patricia Clough
die USA
von Adriano Sack
den Vatikan
von Rainer Stephan
Venedig mit Palladio und den Brenta-Villen
von Dorette Deutsch
Vietnam, Laos und Kambodscha
von Benjamin Prüfer
Washington
von Tom Buhrow und Sabine Stamer
Wien
von Monika Czernin

01/0006/08/R

PIPER

Ariane Grundies

Gebrauchsanweisung für Mecklenburg-Vorpommern und die Ostseebäder

208 Seiten. Gebunden

Schon während ihrer Kindheit wollte Ariane Grundies auf Hiddensee leben, in einem der weiß leuchtenden Reetdachhäuser – am liebsten als Sanddornpflückerin oder Bernsteinjägerin. Und bis heute sehnt sie sich zurück. Nach Mecklenburg-Vorpommerns sprödem Charme und nach Ostsee satt. Nach Herrenhäusern und Schlössern, nach Schwerin und Wismar mit ihren prachtvollen gotischen Backsteinbauten. Nach Kranichen, die über leuchtend gelbe Rapsfelder fliegen. Nach uralten Kastanienalleen, Plaudereien auf Plattdeutsch und den jährlich stattfindenden Saunameisterschaften. Nach Bratheringen und der Ruhe beim Angeln. Und nach dem Wind auf Rügen, der über den Pommesstand beim Kreidefelsen weht.

01/1852/01/R

PIPER

Bernd-Lutz Lange

Gebrauchsanweisung für Leipzig

192 Seiten. Gebunden

Bernd-Lutz Langes Bühnenprogramme und Erinnerungsbücher sind legendär. Jetzt zeigt er uns sein Leipzig, die Messemetropole mit ihrer Kunstszene, dem Thomanerchor und dem Gewandhaus, den Passagen und Märkten. Er blickt auf seine Stadt, in der die Menschen freiheitsliebend und liberal sind. Er flaniert zu Auerbachs Keller, durch das Barfußgässchen, die Ausgehmeile, und wundert sich wieder mal über den Bahnhof, der längst mehr Shoppingcenter als Knotenpunkt ist. Er fragt, was aus dem ehemals reichen Leipzig geworden ist und was aus dem jüdischen Leben in der Stadt. Wie viel von der Buchstadt übrig geblieben ist. Er streift durch das Umland mit Weißer Elster und Cospudener See und porträtiert seine Heimat als Paradies für Paddler und Pedalritter. Und als Symbol für Völkerschlacht und friedliche Revolution.

01/1764/01/L

PIPER

Stefan Beuse

Gebrauchsanweisung für Hamburg

224 Seiten. Gebunden

Wer mit dem Auto nach Hamburg will und es nicht besser weiß, fährt durch den Elbtunnel. Und zwar ganz langsam. Weil's so schön ist ...
Am Ende des Tunnels jedenfalls, wartet eine ganz neue Welt auf den Besucher. Eine Welt aus Wasser, Wind und Barbourjacken, aus rotem Backstein und prunkvollen Villen, aus Business-Tempeln und dem Geruch von Teer und Fisch. Nach dem Elbtunnel sollten Sie sich anschnallen: Vergessen Sie alles, was Sie je über Seefahrerromantik gehört haben. Über die Reeperbahn nachts um halb eins. Über die Beatles im Starclub. Über blaue Jungs und Hamburger Deerns. Hamburg ist anders. Ganz anders. Und Stefan Beuse weiß warum. Er wird Ihnen erklären, warum es so schwer ist, den Aal in der berühmten Aalsuppe zu finden, warum der Hamburger im Grunde seines Herzens schon immer ein Brite gewesen ist und warum man sich die schöne »Strandperle« nicht um den Hals hängen kann.

01/1011/03/L

PIPER

Silke von Bremen

Gebrauchsanweisung für Sylt

224 Seiten mit 1 Karte. Gebunden

Sylt zählt knapp 20 000 Einwohner und ist dennoch Deutschlands Urlaubsinsel Nr. 1. Silke von Bremen kennt sich in der Historie so gut aus wie in der Gegenwart. Sie weiht uns in die Befindlichkeit der Insulaner ein, erklärt die feinen Unterschiede zwischen Kampen und Keitum, lässt uns die Insel mit anderen Augen sehen. Denn Sylt ist mehr als Schickimicki, Gosch und Sansibar. Verblüffend ist die Vielfältigkeit dieses Mikrokosmos, grandios sind die Naturräume, unerwartet die Geschichten dieses gerade mal 100 Quadratkilometer großen Eilands zwischen List und Hörnum. Auf dem vieles ganz anders ist als erwartet, und sei es, dass alle Möwen Emma heißen …

01/1933/01/R